QUIBERON,

ROYALISTES ET RÉPUBLICAINS,

PAR

ERNEST MENARD,

AUTEUR DE PEN MARCH, ET DE BUDIC MUR, MARINE DU XIVe SIÈCLE.

Tome Premier.

PARIS,

L. DESESSART, ÉDITEUR,

RUE DE SORBONNE, 9.

—

1836.

QUIBERON.

Oeuvres de E. Barrault.

PAIX OU GUERRE EN ORIENT, 1 vol. in-8°, 4 fr.

OCCIDENT ET ORIENT, études politiques, morales et religieuses, 1 vol. in-8°, 8 fr.

Madame Tullie Moneuse.

TROIS ANS APRÈS, roman de mœurs, 1 vol. in-8°, 7 fr. 50.

SOUS PRESSE :

LE CHRIST DE FER, par Edouard Primard, 1 vol. in-8°, 7 fr. 50.

LE PRIEURÉ DE BETHARAM, mœurs des Pyrénées, par Marcel Barthe, 2 vol. in-8°, 15 fr.

J.-R. MEVREL,
Passage du Caire 54.

QUIBERON,

ROYALISTES ET RÉPUBLICAINS.

PAR

ERNEST MENARD,

AUTEUR DE PEN MARCH, ET DE BUDIC MUR, MARINE DU XIVe SIÈCLE.

Tome Premier.

PARIS,

L. DESESSART, ÉDITEUR,

RUE DE SORBONNE, 9.

—

1836.

I.

A distance égale des bourgs de Carnac et de Plouharnel, sur la côte qui domine le fond de la baie de Quiberon, on remarquait à la fin du dernier siècle, une de ces maisons nobles qui portent encore le titre de château, quoique dans le fait, elles n'y aient pas d'autre droit que la tradition locale, acquise immémorialement à l'emplacement qu'elles occupent.

Kerderf, bâti sur les ruines d'un ancien manoir seigneurial, était habité par la famille de ce nom, dont les aïeux avaient régné glorieusement dans le château féodal; mais la splendeur et la puissance de la maison seigneuriale étaient tombées avec les tours crénelées, à ce point que ses descendans n'avaient pas eu le triste honneur d'arrêter un moment le niveau révolutionnaire qui passa sans les effleurer. Le vieux gentilhomme de Kerderf, se consolait de cette obscurité cruelle, en rappelant le haut rang de ses aïeux; il trouvait dans le désastre de sa caste persécutée en France et misérable à l'étranger, une raison suffisante de supporter sa pauvreté sans murmures, et de s'en parer même avec quelque ostentation.

Ainsi le château de Kerderf, qui comptait à peine un siècle, offrait un aspect d'abandon et de vétusté, que de légères réparations eussent fait disparaître promptement, si toute habitation noble n'eût pas dû se revêtir à cette époque des livrées de la misère, par contrainte ou par sympathie; celle-ci construite en pierres de taille, se composait d'un corps de bâtiment à sept fenêtres de façade, avec un rez-de-chaussée et un étage au-dessus; des mansardes à pignons rappelaient les souvenirs d'un autre âge, et les cheminées massives étaient disposées de manière à figurer des tourelles; une grande girouette de fer au centre de la maison, paraissait mise en mémoire du pennon qui annonçait dans le vieux temps la résidence d'un chevalier; plusieurs parties de la toiture endommagées par les vents qui balayent frequemment cette côte, livraient passage à la pluie, et la plupart des volets à moitié sortis de leurs gonds, pendaient le long des murailles, ou manquaient même totalement; les fenêtres du rez-de-chaussée garnies de gros barreaux de fer, étaient en meilleur état que celles de l'étage supérieur; il n'y manquait qu'un petit nombre de volets et toutes les vitres étaient entières à de très rares exceptions.

Une vaste cour entourée de ses dépendances, s'étendait devant la maison; l'absence totale de clôture en avait fait depuis peu un prolongement du chemin, cependant deux piliers et un pan de mur restaient debout pour servir à l'occasion de ligne de démarcation; au reste, les inconvéniens qui en pouvaient résulter, étaient certainement compensés par la perspective admirable que la chute de cette enceinte avait ouverte à la maison.

A gauche on apercevait au milieu d'un pays sauvage, où se montrent de loin en loin quelques bouquets de verdure, la chapelle de Saint-Michel, grimpée sur le faite d'une colline qui domine toute la contrée, ressemblant dans le brouillard à l'un des menhirs gigantesques, qui sont rangés dans la plaine; plus loin les toits de Carnac serrés autour de leur église, dont le clocher de granit, flanqué de ses quatre tourelles, s'élève hardiment vers la nue; du côté opposé, la vue s'arrête avec étonnement et tristesse sur la falaise, longue pointe de sable étroite et nue, jetée comme un pont dans la mer, qui la ronge sur ses deux flancs, et joint au continent la presque île de Quiberon; en face la côte, dans ses mille dentelures, dans ses festons capricieux, où l'on ne sait si la terre envahit dans l'eau, ou si c'est l'eau qui mange la terre, la côte montre dans ces lagunes, comme une Venise qui s'élève, les Genés et Saint-Colomban avec son clocher massif, puis au loin la mer immense de la baie de Quiberon, dont la côte basse s'aperçoit fantastiquement, dans un horison nuageux.

Par une soirée du mois de juin 1795, une jeune fille était assise dans l'embrasure d'une croisée du rez-de-chaussée de Kerderf; ses yeux, fixés sur le tableau que nous venons de décrire, se portaient quelquefois à la dérobée sur un jeune cavalier, debout à quelques pas d'elle, et à juger par l'expression de sa figure, elle paraissait beaucoup plus s'intéresser au jeune homme, qu'elle ne regardait qu'à peine, qu'au paysage qu'elle contemplait. Il eût été difficile de préciser nettement quel genre d'intérêt il lui inspirait, peut-être elle-même s'en fût-elle difficilement rendu compte, mais nulle femme ne se fût défendue d'une certaine émotion, en présence d'un homme dont les sentimens passionnés lui étaient exprimés d'une manière si évidente et si flatteuse en même temps; car l'amour qui sortait de ce regard, se montrait accompagné de tant de respect et de crainte, il ressemblait tellement à l'adoration chaste qu'on adresse à la mère de Dieu, que les bienséances, n'ayant rien à redouter, laissaient toute faculté de s'épanouir à cette impression mystérieuse, mêlée de crainte et de plaisir, qui naît dans le sein d'une jeune fille, la première fois qu'elle s'aperçoit de la passion qu'elle inspire.

Marie, fille du gentilhomme de Kerderf, comptait à peine dix-huit ans; sa taille était petite, harmonieusement proportionnée, frêle et délicate sans faiblesse. La pâleur de ses joues s'accordait bien avec l'expression de ses traits, qui n'avaient rien de l'enjouement de la jeunesse, et respiraient au contraire cette sorte de vague tristesse qui naît de la méditation. Sa tête, garnie de magnifiques cheveux bruns, était gracieusement inclinée, comme si son corps eût eu peine à en soutenir le poids. Il semblait, à la voir, que le système intellectuel avait acquis un développement précoce, au détriment de ses facultés physiques.

Ses sourcils, assez fortement dessinés, lui donnaient quelque chose de fier et de décidé; si les circonstances lui en eussent fait un devoir, elle eût joint sans doute la fermeté à l'enthousiasme ; on pouvait même présumer que son caractère l'eût disposée facilement à saisir l'occasion de développer ces facultés.

Le dernier coup-d'œil qu'elle avait jeté sur son compagnon, lui ayant causé une impression plus vive qu'elle ne l'aurait cru : elle employa quelques instans à se remettre, et prit un ton d'indifférence que démentait le tremblement de sa voix. — La soirée s'avance, M. Charles; ne songez-vous pas à partir ?

Et craignant que sa pensée ne fût mal interprêtée, elle se hâta d'ajouter :—La route d'Auray n'est pas sûre, il serait imprudent de la parcourir de nuit.

— Mon père est à Kergonant, c'est là...

—Votre père est à Kergonant, interrompit-elle avec un étonnement légèrement nuancé de colère ; il vient sans doute prendre possession du domaine que vos lois lui ont vendu : votre père se trompe, M. Charles, s'il espère en jouir tranquillement.

— Je ne pense pas qu'il ait dessein d'y séjourner; mais, acquéreur d'un domaine qui lui était presque inconnu, il a désiré l'examiner en détail, et...

—Et pensez-vous que les fidèles vassaux de Kergonant lui fassent un bien aimable accueil? s'écria-t-elle d'un ton railleur qui décélait la menace.

—Mais leur conduite à son égard a été irréprochable ; ils ont même protesté de leur respect et de leur dévouement pour lui. A la vérité, le détachement de volontaires républicains dont il était escorté, contribuait peut-être à cette manifestation.

— Ainsi, M. Charles, reprit-elle d'un ton triste et bienveillant, vous avez assisté à cet acte d'oppression?

— J'avais prévu pour mon père les dangers auxquels vous venez de faire allusion. Ce n'est pas vous, j'en suis sûr, qui me blâmerez de l'avoir accompagné : d'ailleurs, une autre raison, également puissante, m'amenait de ce côté.

Il s'arrêta, et lui lançant un regard plein d'expression, — J'avais besoin de vous voir, ajouta-t-il timidement.

Elle tressaillit, et ses joues pâles se couvrirent subitement d'un vif incarnat.

— J'avais besoin de vous voir, reprit-il en s'animant... — Permettez, M. Charles, interrompit la jeune fille, dont l'émotion était passée; mon royalisme, tout à l'heure, m'a peut-être entraînée trop loin, j'ai parlé comme une folle que la passion aveuglait ; mais au fond, croyez-le bien, je ne veux de mal à personne, encore moins à ceux qui vous touchent. J'estime tous les honnêtes gens, fussent-ils même républicains.

Le but de cette explication n'échappa pas au jeune homme, qui reprit d'un ton piqué,—Je suis heureux de vous trouver dans de pareils sentimens, je craignais, à la nouvelle dont je venais vous parler, que vous ne m'eussiez.....

—Eh bien? fit-elle d'un ton sec.

Il se troubla et balbutia quelques mots inintelligibles.

—Vous rougissez, dit-elle, compatissant à son pénible embarras; M. Charles, vous avez donc à me dire quelque chose qui n'est pas bien? Taisez-vous, plutôt, car je m'étais formé de vous, une opinion avantageuse, et il m'en coûterait d'être détrompée.

—Votre estime m'est précieuse, mademoiselle Marie, mais la nouvelle que je viens vous annoncer ne saurait me la faire perdre.

Malgré cela il fit une pause. — L'inaction où j'ai vécu était honteuse à mon âge, elle ne pouvait toujours durer; nous sommes d'ailleurs à une époque où la patrie réclame le concours de tous ses enfans, je vais lui dévouer mon bras : je pars demain pour Rennes, où m'attend un brevet de sous-lieutenant dans les troupes de la république.

— Oh ! M. Charles! dit-elle, en joignant les mains; puis par une brusque transition, elle ajouta, en se plaçant devant lui : — C'est bien, monsieur , vous en êtes parfaitement le maître. Cependant, je dois vous l'avouer, si un autre que vous m'avait appris cette nouvelle, je l'aurais traité comme un calomniateur.

Charles demeura quelques instans anéanti :

— Vous m'aviez dit que tous les honnêtes gens pouvaient prétendre à votre estime; pensez-vous donc qu'un honnête homme ne puisse pas servir la nation?

—Ai-je dit cela ? Eh bien, soit, je vous estimerai , monsieur, c'est le sentiment qu'on accorde à un ennemi généreux.

—Ah! mademoiselle Marie, pouvais-je m'attendre... — Taisez - vous , j'entends mon père.

Le gentilhomme de Kerderf entra dans l'appartement. C'était un vieillard encore verd, dont l'extérieur accusait une vigoureuse constitution. Ses yeux vifs et noirs, avaient conservé tout le feu de la jeunesse, mais la pesanteur de sa marche annonçait que la goutte lui rendait de fréquentes visites; du reste, l'on pouvait juger à l'enluminure de son teint, qu'il la considérait comme un garnisaire qui s'est établi chez nous, et qu'on s'efforce d'oublier faute de pouvoir le congédier.

Il portait un chapeau à cornes orné d'une cocarde blanche, des culottes et un gilet de nankin, avec un habit vert à collet noir, dont la mode toute nouvelle était spécialement adoptée par le parti royaliste.

— Eh mais! c'est notre ami Charles! dit-il en serrant cordialement la main du jeune homme qui s'était avancé à sa rencontre. — Parbleu, l'autre jour en buvant avec le recteur, nous parlions de toi, mon garçon. Il s'agissait de te confier un secret de grande importance; mais après un mûr examen, tu lui as paru suspect, il a craint que tu ne devinsses un fieffé coquin comme ton père. — Il a peut-être eu raison.

En achevant, il partit d'un bruyant éclat de rire et secoua le bras de Charles de manière à le lui démettre.

— Mais tu parais tout triste, et toi, Marie, tu es rouge comme la crète d'un coq. — A propos, ce Charles m'avait fait oublier ce qui m'amenait ici. — Vous, dont les yeux n'ont pas vu soixante-quatre étés, dites-moi quel est le navire qui manoeuvre dans la baie?

— C'est un chasse-marée sous voiles, répondit le jeune homme que cette question tirait d'une cruelle gêne; il paraît se diriger vers le Po.

— Et, dis-moi, ne vois-tu rien à l'arrière? demanda-t-il en fermant un oeil à demi. — Il a son pavillon en berne, il est impossible d'en distinguer la couleur.

Le vieux gentilhomme fit claquer ses doigts et fredonna d'un air joyeux ces paroles d'une chanson royaliste fort en vogue à cette époque.

Malgré Pitt et l'ascendant
De sa politique
Le grand Charette se rend
A la République;
Et va-t-en voir s'il viennent Jean,
Et va-t-en voir s'il viennent.

—Eh bien! Marie, qu'en dis-tu? voilà mon rêve accompli. —Imagine-toi, Charles, que j'ai rêvé cette nuit qu'il nous arrivait des amis.

—Mon père, vous ignorez encore si ce navire est celui que vous attendez. D'ailleurs, dans votre rêve, vous avez vu des amis et ce sont des tonneaux que la *Marie-Reine* vous apporte; il n'y a donc pas une rigoureuse conformité; à moins...

—Es-tu devenue folle, s'écria le vieillard, qui n'avait pas compris les signes d'intelligence qu'elle lui faisait derrière Charles.

La position de ces trois personnes devenait embarrassante lorsque leur attention fut détournée de cet objet.

— La bonne sainte vierge et le grand saint Cornéli vous donnent leur sainte bénédiction, dit une voix traînante au dehors.

Et l'on vit dans la cour, appuyé sur des béquilles, un mendiant à cheveux gris, dont l'une des jambes relevée en écharpe sur son ventre montrait une plaie desséchée entourée de pustules, un chapeau de paille sans fond et déchiqueté sur les bords, couvrait sa tête sans la garantir des intempéries de l'air; son gilet de grosse toile grise, comme le reste de ses vêtemens montrait ses coudes et une partie de son dos et laissait entre sa culotte arrêtée sur le bout des hanches un intervalle assez large, d'où sortait élégamment un lambeau de chemise tannée; il portait sur l'épaule un bissac de toile destiné à recueillir les aumônes en nature qu'il recevait dans les fermes; une petite poche de cuir attachée par une lanière à l'une de ses boutonnières, lui servait de blague à tabac.

La figure de cet homme portait l'air humble et câlin des gens de sa profession; ses lèvres, par l'habitude de marmoter des prières, avaient contracté un tic nerveux qui les mettaient dans un mouvement continuel, et ses yeux, ombragés d'épais sourcils grisonnans, roulaient lentement dans l'orbite et se cachaient presque en entier lorsqu'il les élevait au ciel. Cependant on distinguait facilement sous ce masque d'hypocrisie une expression fausse et méchante, un fond de rancune et de haine lentement amassé contre l'espèce humaine par les dédains et les duretés qu'il en avait éprouvés, et qui s'accroissait chaque jour de l'obligation de renfermer sa colère et de lécher comme le chien la main qui le repoussait.

Arrivé devant la fenêtre, il jeta un coup-d'œil dans l'appartement, et manifesta un mouvement de surprise accompagné d'une joie sourde en y apercevant Charles.

— Que les grâces de la bonne sainte Anne descendent sur votre maison, qu'elle donne la paix aux fidèles et confonde les apostats.

Ces derniers mots s'adressaient évidemment au jeune homme. Quoique sa conscience dût être parfaitement tranquille, il rougit et se troubla comme s'il eût craint qu'on vînt lui reprocher un crime.

—Quel conte nous fais-tu, père Gourguff, s'écria le gentilhomme, cette maison ne donne asile qu'aux amis de la bonne cause, ainsi madame Sainte-Anne, n'a que des graces à y laisser.

— Tant mieux, tant mieux, dit le mendiant en hochant la tête avec doute; du temps qui court les amis sûrs sont aussi rares que les aumônes abondantes; le pain est cher et la trahison profitable. — Il poursuivit en regardant Charles avec une intention marquée. — Voyez, mon bissac n'est pas lourd, je viens pourtant au-delà de Kergonant, j'ai vu par là...

— Tenez, père Gourguff, voici qui vous dédommagera, dit Charles, se hâtant de l'arrêter en lui mettant un assignat dans la main.

— Le bon dieu et le grand saint Cornéli vous le rendent en Paradis, murmura le mendiant avec un plissement de lèvres décélant un rire intérieur; je dirai ce soir trois *pater* et trois *ave* en votre intention, monsieur Charles.

— Père Gourgouff, où as-tu couché

cette nuit? demanda le sire de Kerderf.

— A Carnac, dans l'écurie de Gouer Bihan. La bénédiction de sainte Anne descende sur sa femme en couches et sur sa vache en gésine, pour le récompenser de son hospitalité.

— N'as-tu rien appris par là? Que disait-on à Carnac?

— On en parlait effectivement, dit le mendiant en jetant un regard en dessous à son interlocuteur.

— Quoi! savait-on déjà l'arrivée des navires, s'écria le vieillard; j'avais défendu d'en parler. — Si ce chasse-marée n'est pas celui que j'attends, on expose l'autre à être pris.

Le mendiant à ces mots tourna ses yeux vers la baie et regarda quelques instans le navire qui manœuvrait, puis faisant un signe de croix et donnant à ses traits l'expression la plus hypocrite.

—Le grand saint Cornéli n'oubliera pas les siens, dit-il, je l'invoque soir et matin pour la confusion des méchans et le retour de notre roi.

Il fit un profond salut et sortit lentement de la cour en marmotant un *pater*.

Quelques instans après, Charles fit ses adieux au gentilhomme de Kerderf, et malgré les pressantes invitations du vieillard qui voulait à toutes forces le retenir au château, il n'osa pas désobéir à l'ordre de partir que lui donnait le regard de Marie.

II.

A l'entrée de la nuit, le chasse-marée avait jeté l'ancre devant le Po, petit port situé au fond de la baie de Quiberon, et où viennent aborder tous les navires à destination de la côte. Quelques marins, des aubergistes et des douaniers en forment la population.

L'insurrection qui s'était déclarée depuis

long-temps en Bretagne, avait eu pour premier effet d'affranchir le pays de toute contribution et principalement de celle des douanes la plus détestée des habitans des côtes, qui la considèrent comme une oppression barbare, et s'y soustraient par tous les moyens que la force ou la ruse peuvent leur fournir. D'ailleurs les croiseurs anglais ayant rendu presque impossible tout commerce maritime, la liberté qui existait dans ce port ne frustrait pas assez gravement le trésor pour compenser les frais qu'une surveillance active aurait occasionnés. Aussi un canot parti du chasse-marée aborda-t-il à terre sans que personne vînt s'informer des objets ou des personnes qu'il débarquait.

Deux hommes vêtus de grandes redingottes de forme anglaise descendirent sur la chaussée. Cependant, autant que l'obscurité permettait d'en juger, ils n'appartenaient pas à cette nation ; ils n'avaient rien non plus de la démarche des marins, mais plutôt celle de militaires ; et la façon délibérée dont leurs chapeaux à cornes était posés sur l'oreille, rappelait celle des officiers royalistes avant la révolution.

—Louis, c'est notre Bretagne, dit l'un d'eux en serrant avec émotion la main de son compagnon.

—Oui, notre Bretagne! répondit l'autre avec des larmes dans la voix; notre vieille, notre fidèle Bretagne! depuis que mes pieds ont touché son sol, je sens mes forces et mon courage doublés; et si la mort m'y attend, je la recevrai sans regret; la terre natale aura mon corps, et mon âme planera joyeusement sur ces grèves que j'ai si souvent parcourues.

— Morbleu, la Bretagne t'inspire! mais laisse là de pareilles idées comme un bagage incomode. Au début d'une vaste entreprise, c'est à la vie qu'il faut penser.

— Oui à la vie, si le succès la rend glorieuse. — Tiens, c'est là, sur cette hauteur... Quelle joie pour eux et pour moi.

— Ne diffère donc pas davantage, vas les trouver, Louis... et n'oublie pas dans ton bonheur quels intérêts te sont confiés, je me rends à Carnac, et de mon côté je ne négligerai rien pour te seconder. — En marche, camarade, ajouta-il en s'adressant à un matelot.

Ils se serrèrent la main, et prirent chacun une route différente. Le dernier, précédé du matelot, se dirigea vers Carnac par un sentier tracé entre des champs, l'autre traversa le village et pénétra dans les terres.

L'obscurité et l'absence totale de route tracée ne diminuaient rien de la vitesse de sa marche. Il franchissait sans hésiter les passages ménagés entre les clôtures des champs et décrivait quelquefois des circuits assez longs en apparence et qui pourtant abrégeaient le chemin, en lui évitant des obstacles que la ligne directe lui eût offerte. S'il s'arrêtait à considérer les objets qui l'entouraient, rien ne décélait chez lui l'incertitude inquiète d'un voyageur embarrassé; mais il paraissait plutôt renouveler connaissance avec un pays aimé, savourant à plein cœur cette émotion délicieuse qu'on éprouve en retrouvant à leur place toutes les choses dont notre mémoire a conservé le souvenir parce qu'elles nous rappellent un épisode de notre vie, une larme ou une joie, quelquefois seulement une pensée.

Depuis quelques instans il était plongé dans une de ces méditations, lorsqu'il en fut tiré par le pas d'un homme qui approchait rapidement, cela parut l'inquiéter; le sentier qu'il suivait, bordé par des murs d'appui, était trop étroit pour que deux personnes pussent y passer à l'aise; il eût été difficile d'escalader un de ces murs formés de pierres superposées tout simplement l'une sur l'autre sans causer un éboulement; d'ailleurs la fuite en tout occurence étant déjà une présomption contre lui; il résolut d'attendre, et rabattant son chapeau il se plaça à l'ombre d'une touffe de lande qui croissait dans le champ voisin, ayant l'air de se ranger par déférence ou précaution comme on le fait volontiers la nuit dans un chemin étroit; mais ces calculs étaient complètement inutiles: l'individu qui l'inquiétait, la tête basse et dans l'attitude d'une profonde méditation, passa rapidement devant lui sans paraître le remarquer. Louis, à sa vue, manifesta un mouvement de surprise, et le regardant de plus près.

— Est-ce vous, Charles Kerdelo? dit-il.

— C'est moi, que voulez-vous? répondit-il sans s'arrêter.

— Charles, mais venez-donc, ne me reconnaissez-vous pas?

— Louis! s'écria-t-il, Louis de Kerderf, est-ce possible!

— Mon père, ma sœur...

— Ils sont bien, je les quitte à l'instant même.

Quand les deux jeunes hommes se furent embrassés, Charles reprit le premier.

—La joie qu'ils éprouveront en vous voyant sera comme la mienne promptement changée en inquiétude.

— Ils sont préparés à tout, mon ami, la guerre à ses chances.

— Quelle imprudence! dit Charles avec tristeste. Oh Louis, pourquoi êtes-vous ici. — Votre témérité peut leur devenir fatale.

—Où voulez-vous en venir? répliqua Louis, cachant son émotion sous une apparente brusquerie. Sûrement vous ne me conseillerez pas de retourner sur mes pas.

—Vous vous trompez, dit Charles sérieusement, je vous donne ce conseil du plus profond de mon cœur.

— Mon jeune ami, répliqua Louis d'un ton de supériorité, vos intentions sont excellentes ; mais l'intérêt que vous portez à ma famille ne vous permet pas d'exercer votre jugement dans toute sa lucidité.

— Mais vous ignorez donc que les décrets rendus contre les émigrés sont exécutés avec la dernière rigueur, que la peine capitale leur est réservée, et que leurs parens même.

—Je sais tout cela parfaitement ; mais je sais aussi que le moment est venu de délivrer la France du joug sanglant qui l'opprime.

—Qu'espérez-vous ? dit Charles, quels sont donc vos projets?

Louis se recula d'un pas.

— Nos projets! dit-il, mais ne sont-ils pas

les vôtres? Sous quelle bannière marchez-vous donc?

Charles eut un moment d'hésitation; il préparait une réponse apologétique de sa conduite, mais le royaliste qui craignait de s'être trop avancé, ne lui en laissa pas le temps.

— Êtes-vous avec nous? reprit-il.

— Non.

— Alors vous êtes contre nous.

— Contre votre parti mais non pas contre vous.

— Je n'admets pas de pareilles subtilités. Si vous faites cause commune avec les terroristes et les révolutionnaires, forcément vous adopterez leurs maximes, vous exercerez leurs systêmes, vous deviendrez à votre tour terroriste et révolutionnaire; vous êtes donc notre ennemi, l'ennemi des royalistes, des émigrés, et des chouans; vous ne pouvez pas vous tenir sur la lisière de deux partis tendant une main dans chaque camp, vous y ménageant des amis; vous êtes trop loyal et trop honnête homme pour cela; une pareille conduite ne convient qu'aux égoïstes, aux peureux ou aux fripons ; ceuxqui se nomment les hommes d'ordre, parce qu'ils servent constamment le gouvernement établi.

—A mon tour, répliqua Charles, je n'admets pas ces rigoureuses conséquences. Servir la république ne m'oblige point de renoncer à mes anciennes affections, et l'amitié que je vous portais autrefois.

—Je vous la rends, dit Louis en l'interrompant ; je ne veux pas recevoir ce que je ne puis pas rendre. — A mes yeux vous n'êtes plus Charles Kerdelo, mais un républieain, un homme hostile à ma cause et conséquemment un ennemi.

— Étrange aberration, dit le jeune homme d'un ton navré ; c'est avec de pareilles doctrines qu'on creuse un fleuve de sang entre deux partis qu'une simple barrière sépare ; c'est ainsi que nos guerres civiles nous ont rendus plus barbares que les sauvages de l'Amérique ; car si ceux-là tuent leurs ennemis, c'est pour satisfaire un besoin, leur appétit les sollicite au carnage ; nous au contraire, nous détruisons dans le seul but de détruire, pour flairer l'odeur des cadavres.

— Je déplore comme vous de cruelles nécessités; mais que voulez-vous, la guerre est engagée il faut qu'un des partis succombe. Au reste je ne viens pas ici pour entendre des élégies sur les désastres de la guerre; je suis soldat et royaliste beaucoup plus que philosophe.

— Vous êtes surtout catholique, interrompit Charles, hors de votre église il n'y a pas de salut. Moi je suis chrétien et je répète après Jésus « Aimez vos ennemis, faites du bien à ceux qui vous haïssent et priez pour ceux qui vous persécutent et qui vous calomnient.

—Cela peut être très beau, mais ce n'est pas ainsi que se font les révolutions... J'oublie de mon côté que ces discussions n'avanceront pas mes affaires. — Adieu monsieur Kerdelo.

— Ainsi, voilà un républicain, un ennemi informé de vos projets, de votre présence en Bretagne, et vous demeurez tranquille, vous ne redoutez pas ses révélations. — Vous êtes en contradiction avec vous-même en ce moment.

— Peu s'en est fallu que je ne vous aie mis hors d'état de me faire cette observation, répondit Louis en lui montrant un pistolet qu'il avait armé pendant leur conversation ; mais vous m'en avez dit assez pour me rassurer complètement. — L'intérêt que vous portez à votre cause n'est pas assez passionné pour lui sacrifier votre honneur : vous ne me dénoncerez pas.

— Allez en paix, répondit Charles, en vous quittant j'oublierai que je vous ai vu.

—Charles, reprit le royaliste, d'un ton mêlé de bienveillance et d'ironie, pour m'acquitter avec vous, permettez-moi de vous donner un bon conseil en échange de vos remontrances. — Avec votre système de modération et de charité chrétienne, un pays qui va devenir le théâtre d'une guerre terrible, ne saurait vous convenir ; croyez-moi, allez chercher un refuge dans une famille de quakers.

Charles prit au sérieux cette raillerie.

— Monsieur, répliqua-t-il avec une gravité sévère, cela ne vaudrait-il pas mieux que d'apporter dans sa patrie le fléau d'une guerre civile. — Toutefois, en attendant que je pratique ce conseil, j'aurai l'honneur de marcher avec les troupes républicaines que vous aurez à combattre.

— S'il en est ainsi, nous nous reverrons avant peu. — Adieu monsieur Kerdelo.

—Adieu monsieur Kerderf, répliqua Charles du même ton.

Et ces deux jeunes gens qui avaient eu autrefois des relations aussi intimes que le permettaient leur différence d'âge et de condition, ces deux jeunes gens se séparèrent ainsi le sarcasme sur les lèvres et prêts à en venir aux mains, uniquement parce qu'ils servaient dans un parti opposé.

Cette rencontre détourna le cours des pensées de Louis, il oublia les impressions poétiques et douces qui font palpiter si délicieusement le cœur lors qu'on revoit son pays après une longue absence et ne songea plus qu'à l'entreprise qu'il méditait, aux spéculations hardies d'une politique implacable. Ce fut ainsi qu'il arriva à Kerderf. Les croisées du rez-de-chaussée étaient fermées, tout semblait dormir au château. Louis entra dans la cour sans entendre le moindre bruit et il n'était plus qu'à quelques pas de la porte lorsqu'un Qui vive? énergiquement accentué et le bruit d'un fusil qu'on apprêtait, retentirent à son oreille. Une crainte poignante le saisit; il trembla que sa famille n'eût été victime du malheur des temps ou que ses projets fussent connus.

— Qui êtes-vous? demanda-t-il.

— Républicain jusqu'à la mort, ça te gêne-t-il, mon camarade?

— Monsieur de Kerderf n'habite-t-il plus cette maison?

Pour toute réponse il sentit une main vigoureuse le saisir au collet et la pointe d'une bayonnette s'appuyer sur sa poitrine. Louis ne doutant plus qu'il ne fut victime de quelque trahison, tira promptement un pistolet, mais il n'eut pas le temps de s'en servir, la porte du château violemment ouverte, montra plusieurs soldats qui accouraient au bruit.

— En vertu de quel droit m'arrêtez-vous? dit-il, recouvrant une partie de sa présence d'esprit.

— Ce front! dit le soldat qui le tenait au collet; on le prend en flagrant délit, et il veut faire l'innocent. — Va, ton compte est bon, mon jeune homme.

Cette réponse qui n'apprenait pas à Louis le motif de son arrestation augmenta encore sa perplexité. S'il eut été certain que ces soldats étaient appostés pour l'attendre, le but de son voyage et sa qualité d'émigré étant des motifs suffisans de le perdre; malgré la disproportion du nombre, il eut tenté une résistance désespérée; mais dans l'occurence opposée, s'il ne s'agissait que d'une méprise ou d'une mesure de police; outre les dangers qu'il courait dans une lutte aussi inégale, il s'exposait encore à éveiller des soupçons qui pouvaient le faire reconnaître et compromettre gravement la cause qu'il avait tant à cœur. Dans cette incertitude, il résolut de se soumettre et d'attendre un éclaircissement.

— Eh bien que se passe-t-il donc? dit un sergent qui parut sur ces entrefaites.

— Sergent Colin, voyez voir ce cadet-là? dit le soldat en faisant avancer Louis qu'il montra fièrement à ses camarades; hein, quelle figure d'aristocrate? quel air chouan ça vous jette au nez?

Le sergent prit gravement une lumière que tenait un soldat, et la passant à plusieurs reprises devant Louis :

— La prise est bonne, dit-il, c'est royaliste et contre-révolutionnaire depuis la semelle des bottes jusqu'à la racine des cheveux. — Je déclare que Spartacus Bonneau a bien mérité de la patrie en arrêtant l'individu.

Ces paroles dissipèrent les plus vives inquiétudes de Louis, toute son assurance lui revint.

— Je m'étonne, dit-il, qu'on attente à ma liberté sous un aussi vain prétexte; je pensais que le régime des suspects n'existait plus depuis long-temps?

Le sergent regarda Louis de travers et prenant le ton d'un homme qui donne une explication à quelqu'un qu'il n'en croit pas digne :

— Le décret contre les suspects n'a jamais été funeste qu'aux ennemis de la patrie, aux Fayétistes, aux Brissotins, aux accapareurs de blé, et autres canailles de l'espèce. Si le décret qui le rapporte avait été soumis au peuple, je connais un individu qui y eut mis son veto.

— Il ne s'agit pas de cela, vous m'avez arrêté quand rien ne vous y autorisait ; je demande à être immédiatement relâché.

— Doucement, doucement, si tu veux si tôt nous quitter, nous sommes jaloux nous autres de faire connaissance avec toi. — Tu vas d'abord nous décliner tes noms, prénoms et qualités, et nous jugerons s'il y a lieu. — Bonneau, conduis le prisonnier.

Louis, entouré des soldats, fut emmené dans le salon. Les premières personnes qu'il aperçut en entrant, furent son père et Marie, assis l'un près de l'autre, et causant avec l'apparence d'une tranquillité parfaite. Craignant qu'en le voyant dans cette fâcheuse position, ils ne pussent maîtriser leur premier mouvement, Louis se hâta de parler.

— Monsieur de Kerderf, j'ai été arrêté à votre porte par ces soldats.

— Louis ! s'écria le vieillard en se levant avec une précipitation qui attestait tout l'intérêt qu'il portait à l'arrivant, est-ce bien toi, Louis, toi, mon...

Un geste du jeune homme lui rappela les circonstances dans lesquelles ils étaient placés. Redoutant les soupçons que son empressement avait pu exciter il voulut réparer son imprudence, mais la peur d'en avoir trop dit ne lui permit pas de prononcer un seul mot, il retomba en bégayant sur sa chaise.— Marie vint à son secours.

—Que cette leçon vous profite, monsieur le républicain, dit-elle d'un ton dégagé, sous lequel des regards pénètrans eussent facilement découvert l'agitation et l'anxiété; cela vous apprendra à conserver vos relations avec des personnes aussi redoutables que nous.—Vous saurez que notre maison n'est pas en bon renom auprès des chefs militaires, aussi les patrouilles nous rendent-elles de fréquentes visites. Celle-ci est entrée pour s'assurer si un vieillard et sa fille ne préparaient pas quelque affreuse machination pour renverser la république.

Louis profita avec esprit du moyen que lui offrait sa sœur.

—A la vérité, je ne conçois guère les soupçons dont vous êtes l'objet; mais je ne saurais me plaindre de la mesure qui m'atteint, mieux vaut arrêter préventivement dix citoyens d'un civisme reconnu, que de laisser échapper un ennemi de la nation.

— Sans doute, sans doute, c'est bien parlé. —Et toi, Marie, tu as été plus fine, qu'est-ce que je dis, plus polie... car enfin...

Le vieux gentilhomme s'apercevant que l'émotion ne lui laissait pas le libre usage de sa raison, eut le bon esprit de se taire.

— Maintenant, je suis tout entier à votre

disposition, dit Louis aux soldats, avec l'aplomb d'un homme sûr de lui, j'espère que quelques mots d'explication nous mettront facilement d'accord.

La conversation qui venait d'avoir lieu entre Louis et sa sœur avait beaucoup refroidi le zèle du sergent. Il n'avait plus autant de foi dans l'importance de sa capture, et commençait à craindre que ce chouan présumé ne fût un républicain. Il se gratta la tête et dit avec hésitation :

— Eh bien ! j'aime ça, c'est s'expédier proprement. A présent que je te regarde, tu ne me fais plus l'effet d'être aussi chouan que tout à l'heure, pourtant, ce diable de costume... Le moyen d'être patriote avec une pareille capotte... Ça n'est pas l'embarras, on peut soigner sa mise et n'être pas moins sans-culotte, témoin le vertueux... —Il fit un geste expressif et salua militairement.—Il était toujours propre et luisant comme un sou, et ça n'empêchait pas ses sentimens républicains de le travailler d'une rude force. — Ainsi donc, n'en parlons plus, et que ce soit fini comme ça.

— Plus souvent qu'on relâchera ma capture, s'écria Spartacus Bonneau, quand je vous dis que c'est un chouan.

— Cependant le citoyen a manifesté tout à l'heure des opinions civiques...

— Couleur ! ça n'est pas à de vieux lapins qu'on en fait voir de pareilles.

—Voyons, explique-toi, si tu es sûr que le citoyen est chouan, ça sera une autre chanson.

— Sûr ! ne disputons pas sur les mots ; mais en matière criminelle on n'est certain d'un délit qu'après le jugement prononcé. — C'est la règle, c'est ainsi que cela se pratiquait au tribunal révolutionnaire, où j'ai vu Fouquer-Thinville travailler.—Vous parlez d'un accusateur public, c'en était un, celui-là, qui connaissait son numéro.

— Qu'y a-t-il de commun entre Fouquer-Thinville et mon arrestation, dit Louis, à moins que vous ne vouliez imiter ce personnage, je ne vois pas sur quel prétexte vous baserez votre accusation.

—Bon, c'est ça, ajoute au corps du délit les circonstances aggravantes; j'espère qu'en voilà de ces preuves!—Il se recueillit un moment, et tendant le bras, le corps à demi effacé comme un Romain de David.—Moi, Spartacus Bonneau, j'accuse le particulier d'être pour le moins un ci-devant et un aristocrate...

— Sergent Colin, interrompit Louis qui voulait exploiter les dispositions amicales que ce dernier lui avait manifestées, je vous en fais juge, est-il permis d'arrêter un citoyen sur une accusation aussi bannale que celle-ci.

— Ouich! le luron a la langue effilée, mais j'ai la riposte vive, je ne fais pas mon coup d'essai en matière d'accusation, et je sais un peu comment on brasse un procès.—Je t'accuse d'être un ci-devant, et je fournis à preuve que tu m'as demandé si cette maison n'était pas habitée par M. de Kerderf.

Le sergent Colin fit entendre un sifflement prolongé.

—C'est une autre chanson, une toute autre chanson, jeune homme; Spartacus Bonneau a raison.—Au sein de la république une et indivisible, il n'y a que des citoyens.

— Ce n'est pas tout; j'ajouterai qu'en me parlant, il n'a pas daigné se servir une seule fois du tu fraternel, il a constamment employé le vous aristocratique.

— Cela ne prouve rien contre mon civisme, dit Louis, l'usage du tutoiement est complètement passé, et parce qu'il vous plaît de le conserver, ce n'est pas une raison pour que chacun s'y conforme.

Pendant cette conversation, le gentilhomme de Kerderf, incapable d'y prendre part, avait fait apporter du vin et des provisions qu'il avait étalés fastueusement sur la table aux yeux des soldats, dont l'attention s'était promptement portée vers ces objets beaucoup plus intéressans que le débat qui s'agitait. Le sergent lui-même paraissait captivé tout entier par les dehors séduisans d'un énorme quartier de porc, retranché majestueusement derrière un rempart de choux, et l'inflexible Spartacus Bonneau détournait en vain les yeux pour rester inébranlable dans son système d'accusation, il ne pouvait se soustraire à l'influence maligne des tentations que lui transmettait le nerf olfactif.

— Citoyens, dit le gentilhomme, en faisant sauter le bouchon d'une bouteille ; c'est un usage immémorial dans cette maison, d'inviter à souper les étrangers qui s'y présentent. Vous ne refuserez pas sûrement une invitation cordiale, uniquement parce qu'elle rappelle quelque chose de l'ancien régime.

Les regards des soldats exprimaient suffisamment que chez eux le patriotisme était trop éclairé, et l'appareil gustatif trop fortement excité pour proscrire un pareil usage. Néanmoins, ils demeuraient immobiles, en arrêt sur le souper, attendant pour y faire honneur, la permission du sergent.

— La révolution n'a proscrit que les abus, répondit celui-ci d'un ton important ; elle conserve de l'ancien régime tout ce qui ne porte pas atteinte à la souveraineté du peuple. Je crois que nous pouvons accepter en toute sûreté de conscience votre invitation; elle ne blesse aucun des articles de la déclaration des droits et témoigne honorablement en faveur de votre civisme.

En achevant il déposa son fusil dans un coin et tirant un long couteau de sa poche, il découpa, sans plus de cérémonie, le quartier de porc, autour du quel les soldats s'étaient rangés avec une promptitude et une précision digne d'éloges. Marie s'était retirée, le gentilhomme et Louis assis au haut de la table se préparaient à faire les honneurs du repas.

Cette patrouille se composait de douze hommes portant l'uniforme bleu à revers rouge des canonniers. Leur équipement accusait la pénurie de l'état, obligé d'entretenir sur pied une armée d'un million d'hommes avec les ressources précaires qu'il tirait de l'émission des assignats chaque jour plus discrédités. Le sergent et deux des soldats étaient les seuls à qui l'on vit des souliers, trois portaient des sabots, les autres avaient les pieds nuds. Un dénuement semblable se remarquait dans les guêtres qui, montant jusqu'aux genoux, formaient alors une partie indispensable des vêtemens. Plusieurs de ces soldats en manquaient absolument ; d'autres en conservaient des lambeaux rapiécés avec de la toile. Si les parties de l'habillement, dont l'absence ne pouvait préjudicier qu'à eux seuls, étaient ainsi négligées, nous nous plaisons à constater, pour rendre hommage à leurs sentimens honnêtes, qu'il n'en était pas ainsi à l'égard de celles dont on ne peut se passer, sous peine de rompre tout-à-fait avec la morale publique ; ils avaient tous des culottes, et l'intention de les conserver en dépit des outrages du temps était clairement attestée par les nombreux rapiécetages qui les maintenaient en état. Quant aux habits nous nous contenterons de dire pour abréger ces détails qu'ils harmonisaient en tous points avec l'ensemble du costume.

Cependant tous ces hommes montraient sous leurs haillons une apparence de coquetterie. Leurs buffleteries étaient blanches et leur chapeau (bobadil) était posé sur la tête de manière à exposer dans toute sa grâce l'énorme cadogan qui attachait leurs cheveux.

A voir leur voracité en dévorant les alimens qui leur avaient été offerts, on pouvait juger que le soin de l'habillement n'était pas le seul objet que négligeât la république dans l'entretien du soldat. La conséquence naturelle de cette misère devait être la désertion. Cependant elle était moins fréquente et moins nombreuse qu'on n'eût été fondé à le supposer lorsqu'on songe qu'ils manquaient de vêtemens, souvent de nourriture, et que leur paie était faite avec une valeur fictive. Il fallait vraiment à ces hommes une constance et une fermeté admirables pour résister aux séductions des royalistes qui leur offraient toutes les choses dont ils étaient privés; c'est qu'ils n'étaient pas les satellites d'un roi, violemment arrachés à leurs foyers, façonnés à la discipline, renfermés dans des casernes pour en sortir comme une meute au premier signal du maître; militaires, ils n'avaient pas cessé d'être citoyens;

ils avaient foi dans leur cause comme leur cause avait foi en eux; en un mot ils étaient fils d'une république et non esclaves d'un despote; ils avaient l'enthousiasme, le désintéressement et la vertu que les prestiges patriotiques inspirent toujours dans les masses.

Le gentilhomme de Kerderf suivait, en les traitant, le systême de son parti qui ne négligeait rien pour provoquer la désertion, dans le double but de désorganiser l'armée et de recruter pour en grossir les bandes, des hommes agguerris et intéressés par leur position au maintien de la chouannerie. Une autre raison non moins puissante y avait contribué ce soir. Il savait que le plus sûr moyen que pouvait employer Louis pour effacer les soupçons que les soldats avaient formé sur son compte était de leur verser à boire, et celui-ci n'épargnait pas cet arguement infaillible pour démontrer l'injustice de l'accusation dont il avait été l'objet. Aussi tous les doutes s'étaient promptement dissipés, et les canonniers étaient bien convaincus maintenant du patriotisme de Louis.

— Mille dieux, dit un soldat qui s'était distingué entre tous par son énorme appétit, je prendrais bien du service dans les brigades du grand turc, s'il m'assurait tous les jours un ordinaire comme celui-ci.

— Sans aller aussi loin vous pourriez rencontrer mieux, dit le gentilhomme avec un ton de mystère.

—De fait, dit un autre, la ration du soldat n'est plus que de vingt onces de pain, ça vous mène loin quand on a fait double étape.

— Et puis les fournisseurs qui se soucient pas mal que le soldat crève de faim, se donnent des airs d'oublier l'approvisionnement, et faut que le service se fasse comme s'il n'était mention de rien.

—Ces gueux de fournisseurs! Si je pouvais en tenir un au bout de ma bayonette il passerait un mauvais quart d'heure.

—Le fait est que la république ne s'inquiète guère du sort de ses défenseurs, dit le gentilhomme en remplissant les verres.—Citoyens, je vous propose la santé de ceux que nos vœux rappellent.

—Les canonniers se regardèrent entre eux, le sergent Colin releva sa moustache en échangeant un regard d'intelligence avec Spartacus Bonneau.

— Et la chûte des scélérats, ajouta-t-il en frappant son poing sur la table.

Cette santé fut portée par les convives avec un accord unanime.

— Voyez pourtant la malice, reprit le sergent, on nous avait représenté votre maison comme un ramassis de brigands; on disait que vous étiez un çi, un l'autre, un aristocrate enragé. Oui da, un aristocrate, trinçuer comme vous avec de simples troupiers!

— Monsieur Kerderf est bon français, dit Louis, je garantirais, sur ma tête, la pureté de ses intentions.

— C'est ça, c'est ça, je tiens le fil comme dit l'autre. C'est la tactique du temps de diviser les honnêtes gens. — A ce sujet, je connaissais autrefois une superbe maxime grecque... tu sais cela toi Spartacus?

— *Divide et impera*. On l'attribue au citoyen Machiavel le rival de Cicéron, répondit Spartacus Bonneau, du ton pédant d'un érudit.

— Tout juste le rival de Cicéron, reprit le sergent d'un air entendu. — Comme ça, vous étiez pour le train de vie que nous menions avec l'autre?

Le gentilhomme et Louis se consultèrent du regard. La conduite de leurs hôtes leur paraissait inexplicable, ils craignaient un malentendu.

— Sans contredit, c'était alors le bon temps.

— Il y en a qu'on ne croit pas si malins et qui ont leurs projets en tête... nos pièces feraient changer de ton à plus d'un représentant si elles gazouillaient une ariette à la porte de la convention.

— Les pétitions présentées de cette manière sont toujours bien accueillies, observa le royaliste.

— Quand l'invincible se montrera à la barre escortée des vieux lapins qui savent lui siffler la note... suffit, nous nous entendons.

Il vida son verre, et se tournant vers le gentilhomme de Kerderf les coudes appuyés sur la table et son menton dans ses mains. — Ça fait plaisir, n'est-ce pas, de rencontrer des amis avec qui se communiquer. Je m'applaudis sincèrement d'avoir fait ta connaissance, et toi, citoyen, tu dois être content de nous avoir retenus. Nous sommes canonniers, vois-tu, et l'artillerie a toujours manifesté des sentimens distingués.

— C'est cette raison seule qui m'a décidé à vous offrir à souper, je ne l'eusse pas fait avec des troupes ordinaires.

— Je le crois bien, dit Spartacus Bonneau.

Le gentilhomme, un moment étonné du prompt succès de ses tentatives d'embauchement, avait craint que les soldats ne voulussent le compromettre, mais il était si convaincu de la bonté de sa cause, si désireux de lui faire des partisans, qu'il se persuada facilement d'y avoir acquis ces soldats, dont la désertion lui était d'ailleurs expliquée par leur affreux dénuement.

— Mes amis, dit-il, je ne saurais trop vous féliciter de ces opinions honorables, je partage votre légitime aversion pour les hommes qui oppriment la France, j'espère que le jour n'est pas loin où nous en ferons bonne justice. Vous pouvez compter alors sur la récompense...

— Rien, rien, point de récompense, interrompit Spartacus Bonneau, les Romains, victorieux, n'acceptaient qu'une couronne de chêne, nous ne voulons, nous, que la mention honorable et le contentement qu'on sent là, quand on a fait son devoir.

En disant ces mots il plaça la main sur son cœur, et ce mouvement était si vrai, qu'il causa une vive impression en dépit de l'emphase burlesque dont il l'avait accompagné.

— Vous êtes un brave, un digne champion de la plus honorable cause, s'écria le vieux noble avec émotion ; mes amis, remplissez vos verres, portons lui une santé, jurons de mourir pour lui.

— Pour le venger, citoyen, ajouta le sergent. — Ah ! les gueux, les triples coquins, ils l'ont pourtant guillotiné! et dire que je n'étais pas là... mais, patience, leur tour viendra, le rasoir national leur fera la barbe un matin.

— Pauvre roi ! murmura le vieillard, en passant la main sur ses yeux.

— Pauvre !.. repéta le sergent, en faisant entendre pour terminer sa phrase, son sifflement prolongé, ça n'est pas du tout la même chose; j'avais idée que nous n'étions pas d'accord ; tu parles de M. Veto et moi du vertueux Robespierre, ne confondons pas, s'il vous plaît. — Hop ! à vos rangs, nous sommes ici dans une tannière de royalistes.

— Evitons la contagion des élémens pernicieux, ajouta Spartacus Bonneau, en se versant un verre de vin qu'il avala tout d'un trait; les délices de Capoue pourraient énerver nos cœurs.

—Sacredié! mon vieux, tu m'en as fait voir une couleur! et dire que j'ai pris ce Coblentz pour un honnête jacobin. C'est égal, nous sortirons poliment, la consigne est là et l'honneur républicain, d'ailleurs tu nous as bien traités et l'hospitalité... voilà!

—C'est ça, dit un soldat, encore un de pris sur l'ennemi, ça économise la ration.

—Par le flanc droit et par file à gauche, en avant, marche!

—Dieu vous conduise, dit le vieillard en les voyant partir; si nous triomphons demain, vous serez aussi fidèles à notre cause que vous l'êtes aujourd'hui à celle de la république: je ne regrette pas mon souper.

III.

Charles vivement ému des incidens qui avaient marqué cette soirée, arriva à Kergonant. Il fut surpris en y entrant de voir l'appareil militaire qui avait été déployé. Des sentinelles, placées de distance en distance, formaient un cordon autour des bâtimens;

une garde avancée se tenait à quelques pas en avant, et le reste du détachement, fort de cinquante hommes environ, était rangé dans la cour autour des fusils en faisceaux. Ces dispositions qui avaient été prises pendant son absence, se joignant à la rencontre de Louis arrivé dans le dessein de soulever le pays, il ne douta pas que des nouvelles de cette nature n'eussent été données à son père, et se rappelant les expressions de Marie sur l'accueil que ce dernier devait recevoir à Kergonant, il se persuada qu'on s'attendait à être attaqué dans la nuit.

Parfaitement connu de tous les hommes du détachement avec lesquels il avait eu de fréquens rapports à Auray, Charles passa librement devant les sentinelles, et s'adressant à un sous-officier placé à la garde avancée:

— Citoyen Leboterf, qu'y a-t-il de nouveau ce soir?

— Une corvée de supplément, répondit le soldat d'un ton de mauvaise humeur.

— Vous ne savez rien de plus?

— Rien.

Charles passa outre et s'avança vers la maison. Il trouva dans une salle basse son père et deux officiers, causant devant une cheminée où pétillait un feu de lande; le premier coup d'œil qu'il jeta sur ces trois personnes, lui confirma la justesse de ses prévisions; son père assis entre les deux officiers, tenait à la main un papier qui semblait lui servir de texte aux paroles animées qu'il déposait mystérieusement dans l'oreille de ses compagnons; ceux-ci attentifs et sérieux, avaient sur les lèvres ce demi sourire du soldat qui médite une expédition, mais Charles découvrit facilement que son père cachait sous son apparente énergie, un grand fond de gêne, de mécontentement et de crainte.

— Avez-vous appris de fâcheuses nouvelles ce soir? demanda-t-il, en s'adressant à son père.

Celui-ci pour toute réponse lui jeta un de ces regards décelant la satisfaction qu'on éprouve en trouvant une victime sur qui épancher son humeur.

— Ainsi donc citoyens, il est bien entendu que nous partirons à neuf heures, vous recommanderez à vos hommes, le plus scrupuleux silence; discrétion et célérité sont les conditions du succès.

— Fiez-vous sur nous, tout ira bien, je vais donner mes ordres et envoyer quelques éclaireurs sur la route.

— Bonne précaution; n'oublions pas que nous comptons autant d'ennemis que d'habitans.

Quand les militaires furent sortis, le citoyen Kerdelo plia le papier qu'il tenait à la main, et le serra soigneusement dans un portefeuille de basane, puis il écarta les jambes, appuya une de ses mains sur chaque genou, et resta quelques instans dans l'attitude d'une profonde réflexion, les yeux fixés sur la flamme.

La figure de cet homme ne montrait aucun trait saillant, il n'y avait chez lui ni bienveillance ni méchanceté, ni esprit, ni bêtise, rien de beau qui attirât, rien de laid pour repousser, c'était un visage bourgeois dans toute l'expression du mot, une de ces physionomies dont le type nombreux se rencontre indifféremment dans l'industrie, le commerce, la magistrature et l'armée, race égoïste et avide, proscrivant toute innovation, ignorante plus que malintentionnée, faisant le mal par frayeur, pivotant sur une même idée, dont son intérêt est l'axe, et n'ayant d'autre opinion que celle qui gouverne l'état.

Après cinq minutes de silence, le citoyen Kerdelo leva les yeux sur son fils.

— D'où viens-tu? dit-il brusquement.

— De Kerderf.

— De Kerderf! le moment est bien choisi, mais tu feras donc toujours imprudence sur imprudence, tu ne seras donc content qu'après m'avoir compromis? — Son fils ne répondant pas, il reprit plus animé. — De Kerderf! et quelle affaire t'y conduisait? qu'as-tu besoin de fréquenter ces gens-là? — Des ci-devant bouffis d'orgueil qui s'obstinent à conserver leurs distinctions nobiliaires. — Ah ah! cela fait pitié! la vraie noblesse est dans le cœur et non dans les parchemins.

— Je le sais bien, répondit Charles, avec humeur ; aussi n'ai-je jamais voulu ajouter un de à mon nom, comme vous le prétendiez avant la révolution.

— Cela était bon alors, et ne vaut rien aujourd'hui, autre temps autres mœurs, le tout est de savoir se conformer à l'usage. Je suis un homme d'ordre d'abord. — Et qu'allais-tu faire à Kerderf?

— J'y suis allé faire mes adieux.

— Vraiment c'était bien la peine, tu ne pouvais pas partir sans leur tirer ta révérence. — Et qu'a dit le ci-devant quand tu lui as annoncé que tu avais pris du service?

Charles ne voulut pas avouer qu'il n'avait pas osé communiquer son départ au gentilhomme.

— Je ne conçois pas, dit-il, pourquoi vous êtes mécontent des relations que je conserve à Kerderf, il y a deux ans vous m'engagiez le premier...

— Mon Dieu, mon Dieu! que je suis mal régénéré! s'écria le vieillard sans le laisser achever; quel stupide animal ai-je fait! comment, simple que tu es, tu ne comprends pas qu'il était bon de se ménager une porte de derrière à l'époque où nous marchions trop grand train pour que ça durât long-temps; mais actuellement que nos armées sont victorieuses de tous côtés, et que le gouvernement est entré dans des voies de sagesse et de modération, le parti royaliste n'a plus rien à espérer...

— Assez, mon père, je vous comprends, dit Charles, la rougeur sur le front.

— C'est ma foi bien heureux! un raisonnement aussi clair, qui saute aux yeux de tout homme sage; et tu n'as pas eu l'esprit de le deviner tout seul. A quoi m'ont servi toutes les dépenses que j'ai faites pour ton éducation, pour te faire apprendre le grec, le latin, la philosophie, la logique et un tas d'autres fariboles? tu as la tête farcie de mots baroques qui n'ont pas le sens commun, et tu ne sais pas coudre deux idées sensées l'une à l'autre — Tu es bien heureux d'avoir un père qui pense à toi, qui sue sang et eau pour te laisser quelque chose. — Hum, hum. — Au lieu d'aller rendre visite aux aristocrates de Kerderf tu aurais bien mieux fait de visiter Kergonant. Il était temps d'arriver; ces coquins de paysans avaient tout mis au pillage... mais j'ai su y mettre bon ordre et je ne les en tiens pas quittes. — Gare les assignations en dommages et intérêts, je leur en ferai voir de rudes.

— Peut-être serait-il prudent de fermer les yeux... — Fermer les yeux! non vraiment! Les voleurs auraient trop beau jeu pour mettre la main dans le sac. Du tout, du tout, les dégats qu'on a faits à Kergonant, sont une atteinte à la propriété... Il faut une justice exemplaire. Je ne badine pas là-dessus.

Il réfléchit un moment, et poursuivit avec quelque hésitation :

— La terre est bonne et d'un produit avantageux; c'est de l'argent bien placé. — Cinquante-mille francs assignats! Hein? Charles, trois années de revenu nous ferons rentrer dans nos fonds... Qu'en dis-tu, ce n'est pas mal spéculé. — Malheureusement il n'y a pas de maison, et les terres sont divisées... — Il fit une pause. — Cette bicoque de Kerderf ne demanderait pas beaucoup de réparations pour être remise à neuf cela nous arrondirait bien.

— Mais je ne pense pas que M. de Kerderf ait dessein de s'en défaire, répondit Charles avec surprise.

— Et M. de Kergonant avait-il dessein de vendre cette propriété? mais on ne l'a pas consulté.

— Que voulez-vous dire mon père?

—Diable! cela t'intéresse; quand je te parle de mes affaires tu n'y mets pas tant de chaleur.

— Pardonnez-moi, vous parliez d'acheter Kerderf; mais je ne comprends pas...

— Eh bien, eh bien, mon garçon, il n'y a rien d'étonnant: Kerderf deviendra avant peu propriété nationale, alors je soumissionnerai.

— Est-il possible ! s'écria Charles, quoi ce vieillard et sa fille seraient dépouillés de leur dernière propriété, et vous, mon père... oh! vous ne le voudriez pas.

— Et pourquoi donc s'il vous plaît, d'où sors-tu avec ces beaux sentimens? — Dieu merci je suis honnête homme, je ne voudrais pas prendre une pomme dans le verger du voisin, je sais trop le respect qu'on doit à la propriété... mais ici c'est une autre affaire : la loi séquestre et la loi vend, cela ne me regarde pas. Si je n'achète pas, un autre prendra ma place et tout sera dit après.

— Mais, qui vous fait croire qu'on sévisse aussi vigoureusement contre M. de Kerderf?

Le vieillard secoua la tête.

— Mon père, reprit Charles, de grâce expliquez-vous ?

Il toussa bruyamment, et jeta sur le feu une poignée de lande, comme s'il n'avait pas entendu.

— Mon père, un malheur les menace, pourquoi me le cachez-vous ?

— Hum, tu prends à ces gens-là un intérêt bien étrange; je te défends de m'en parler davantage.—Vraiment, si l'on apprenait l'amitié que tu portes à cette famille de ci-devant, les relations que tu entretiens avec elle, je ne sais pas ce qui pourrait en arriver.

— Tant pis pour ceux qui me blameraient, repartit Charles d'un ton ferme, mais je n'estime ni ne respecte un gouvernement assez ombrageux...

— Charles, pas un mot de plus, s'écria le vieillard d'un ton de colère, inspiré par la peur, ces discours sont intolérables, c'est de l'anarchie toute pure. — Le gouvernement est irréprochable, je veux et j'entends que tu en sois persuadé.

— Si vous l'exigez, mon père...

— Allons, c'est bien, n'en parlons plus.— Hum, c'est une corvée dont je me serais bien passé, poursuivit le vieillard comme en se parlant à lui-même; Charles, mon dévouement à la patrie me soumet à de rudes épreuves.....

—Cela était nécessaire, mais je ne serais pas fâché qu'un autre en eût été chargé.

— Vous dites, mon père?..

— Je dis... Hum, il n'y a pas moyen de m'en défendre à cette heure, il faut aller jusqu'au bout... d'ailleurs, cette propriété...— Tiens, Charlot, lis-moi cela.

Il tira de son porte-feuille le papier qu'il y avait mis quelques instans auparavant, et le passant à son fils :

— C'est un ordre arrivé ce soir.

Celui-ci l'ouvrit lentement, et le lut à demi-voix.

Le procureur syndic, au citoyen Kerdelo, officier municipal.

En vertu de l'arrêté des représentans Guezno, Guermeur, Brue et Topsent, qui ordonne l'arrestation des pères, mères, frères, sœurs, femmes et enfans d'émigrés, ainsi que des prêtres qui paraîtraient suspects aux administrations, le citoyen Kerdelo se transportera immédiatement au domicile du ci-devant baron de Kerderf, accompagné d'un détachement des troupes de la république, et procédera à l'arrestation de toutes les personnes qu'il trouvera dans la maison, pour les conduire sous bonne escorte à la prison d'Auray, où il sera statué ultérieurement sur leur compte.

Charles plia le papier et le remit à son père sans prononcer une parole.

— Eh bien, qu'en dis-tu ? demanda le municipal surpris de cette tranquillité.

— C'est un malheur, répondit Charles.

— Un malheur que j'en sois chargé, tu as parfaitement raison. Tout en servant la république, il faut éviter de se faire inutilement des ennemis... — Mais enfin, l'ordre est positif, je ne puis m'y refuser.

— C'est sans doute pour ce motif que les troupes sont sur pied cette nuit ?

En ce moment la porte s'ouvrit, et l'un des officiers parut :

— Citoyen, tout est prêt, nous n'attendons plus que vous.

—Est-il déjà temps, repartit le vieillard en tirant de son gousset une énorme montre d'argent, oui ma foi, neuf heures et quatre minutes... Je suis à vous, citoyen.

— Il se frotta les mains et contracta tous ses membres devant le feu, comme on le fait à l'approche d'une course nocturne ou d'une corvée qui déplait.

— Tu n'es pas des nôtres, Charles?—Oh! non, réflexion faite, cela ne serait pas bien, tu aurais l'air d'insulter à leur malheur. — Allons, bonsoir, dors un bon somme, mon garçon.

Il boutonna hermétiquement son large habit Robespierre, et sortit avec l'officier. Charles aussitôt s'approcha de la fenêtre, qu'il ouvrit avec précaution. L'ordre de marche fut donné à voix basse, et la colonne sortit doucement de la cour. Dès que le bruit sourd des pas se fut perdu dans l'éloignement, Charles s'avança vers la porte. La main sur le loquet, il s'arrêta indécis.

— Que vais-je faire, dit-il, n'est-ce pas trahir la confiance de mon père, la cause que je dois servir ? — On va les arrêter ; mais ne m'est-il pas prouvé qu'ils conspirent contre la république, ne sais-je pas dans quel dessein Louis est arrivé ce soir ! — Certes, tout gouvernement a le droit de prévenir les tentatives d'insurrection, c'est même un devoir pour lui, car il évite ainsi de plus grands malheurs. — Que deviendra la république, si ses agens la trahissent ! Quel sort attend les vrais républicains, si ceux qui marchent dans leurs rangs entretiennent de coupables intelligences avec leurs ennemis ? Quel nom vais-je mériter ? Oh mon dieu que faire ? — Mais ce vieillard toujours si bienveillant pour moi, et Marie... Marie... Oh non, ils ne méritent pas le sort qu'on leur destine, ils sont incapables de nuire... Eh quel est donc ce gouvernement assez faible pour craindre des vieillards et des femmes ? Marie en prison ! comparaissant devant un tribunal odieux, livrée à la merci d'hommes immoraux et sans pudeur... Non, je ne le souffrirai pas... Non, non, je les préviendrai.

Il ouvrit la porte et se prépara à sortir.

—Halte-là, dit un factionnaire qu'il n'avait pas aperçu.

— Vous ne me reconnaissez pas?

— Faites excuse, citoyen Charles.

— Eh bien! laissez-moi passer.

— Impossible, il y a ordre.

— Mais cet ordre ne peut me concerner; vous savez qui je suis, cette maison est celle de mon père.

—C'est vrai, citoyen, mais je suis en faction, je ne connais que ma consigne.

— M'a-t-on désigné nominativement, demanda Charles avec une inquiétude croissante.

—On n'a désigné ni excepté personne. L'ordre est formel, citoyen.

Il se détourna et prit le pas lent et régulier d'un militaire en faction.

Charles voulut passer outre.

— Arrêtez, s'écria le soldat en croisant sa baïonnette.

— Je veux sortir.

— Pas moyen, ma consigne est là.

La contenance du soldat était trop décidée

pour que Charles ne comprît pas qu'il insistait inutilement. Il se décida à rentrer.

— Sans rancune, citoyen Charles, vous savez qu'un factionnaire ne connait ni père ni ami.

Ce contre temps mit le jeune homme dans un état pénible d'incertitude et d'abattement. Un vice de son caractère était d'accueillir avec la même facilité l'enthousiasme et le découragement. Lorsqu'il formait un projet ou qu'il adoptait une idée, c'était avec chaleur et entraînement, mais comme le sentiment agissait plus que la raison, il arrivait qu'une contradiction ou un empêchement imprévus éteignaient en un clin d'œil ce feu que n'alimentait pas la persévérance qui accompagne toujours la pensée mûrement réfléchie et discutée sur toutes ses faces. Pour suppléer à cette absence de continuité dans l'esprit, il fallait que les mêmes causes qui l'avaient précédemment excité vinssent de nouveau se faire sentir avec la même intensité. Ce fut ce qui arriva. Les sentimens qui l'attachaient à Marie étant de ceux qui ont le plus d'empire sur des caractères comme le sien, il retrouva promptement sa résolution fortifiée encore des obstacles et du court espace de temps qui lui était accordé pour la mettre à exécution.

Il ne pouvait pas songer à tenter de nouvelles instances auprès du soldat, il eût été difficile et dangereux d'essayer l'emploi de la force, il fallait donc recourir à d'autres moyens. Charles prit dans le feu un brandon de lande flambante et il examina la chambre pour s'assurer s'il n'y avait pas d'issue. Une porte existait au fond, il essaya de l'ouvrir, mais le loquet ne céda pas à ses efforts; en l'examinant de plus près, il ne douta pas, à la poussière et aux toiles d'araignée qui tapissaient les jointures, qu'elle ne fût depuis long-temps condamnée. Ce nouvel obstacle mit son inquiétude au comble, car le temps s'écoulait, peut-être dans un quart-d'heure la maison de Kerderf serait cernée par les troupes. Il se frappa le front et parcourut comme un fou l'appartement, se heurtant contre les murailles. Marie lui apparaissait, tremblante et éplorée, au milieu des troupes républicaines, livrée à l'impudeur de tous les regards qui la surprendraient peut-être dans l'abandon du sommeil. Cette pensée l'exaspéra, il voulut s'exposer à tout plutôt que de la supporter. Il éteignit le feu pour empêcher que sa clarté ne le trahit, et s'approcha de la fenêtre qu'il avait laissée entr'ouverte. La sentinelle était debout devant la porte, les mains appuyées sur le canon de son fusil. Il paraissait dans cet état où le sommeil luttant contre la fatigue, provoque une sorte d'assoupissement. Charles crut le moment favorable, il se recula de quelques pas dans la chambre ponr prendre un élan nécessaire, et sauta dans la cour avec agilité.

— Qui vive ? — Arrête, ou tu es mort, cria la sentinelle.

On entendit le résonnement d'un fusil porté précipitamment et le craquement du ressort. Une sueur froide parcourut Charles, il était si peu éloigné qu'un hasard seul le sauverait. Cependant il n'hésita pas, et continua à courir.

Quelques secondes se passèrent, elles lui parurent longues comme des heures, puis la voix menaçante se fit encore entendre.

— Arrête, ou je fais feu.

Charles tressaillit, mais il n'obéit pas. Le coup partit; la détonation fit refluer le sang dans ses oreilles, elles tintèrent comme à l'approche d'un éblouissement, mais il était sauvé, la balle ne l'avait pas atteint. Ses forces furent doublées, à travers les sentiers tortueux, difficiles, hérissés de pierres aiguës, serpentant sur des sillons et des champs; il arriva les pieds déchirés et haletant, non loin du château de Kerderf, et prêta l'oreille. Le bruit des pas réguliers de la colonne se fit entendre à sa droite. Les éclaireurs et l'avant-garde devaient déjà occuper les approches de la maison, il n'était donc plus temps. Charles, frappé de stupeur, tomba douloureusement sur un mur d'appui; son cœur battait sourdement, il sentait une douleur aiguë dans toutes les parties de son corps semblable à celle qui précède une agonie douloureuse. Puis, tout à coup, la vigueur et l'énergie lui revinrent, il se leva et courut vers un amas de ruines qui projetaient leur ombre au milieu d'un champ voisin.

VI.

Une demi-heure environ après le départ de la patrouille, Louis de Kerderf et son père, assis devant la table, se communiquaient réciproquement les pièces et les renseignemens relatifs à leur parti. Car à cette époque, les sentimens intimes étaient absorbés par les affaires publiques, et il arrivait fréquemment qu'après une longue absence, un père et un fils en se retrouvant, négligeaient ces épanchemens du cœur toujours si précieux, ces informations tout individuelles, pour ne songer qu'aux intérêts de la cause qu'ils défendaient, aux préoccupations sociales.

— Je commence à croire, dit Louis en repoussant de la main les papiers qu'il examinait, que nous éprouverons de plus grandes difficultés que nous ne l'avions prévu.

— Ce que je t'ai dit est la pure vérité. Tu sens que je n'eusse pas parlé ainsi à tout autre, de peur de refroidir son zèle, mais je connais ta fermeté, mon fils, je ne dois rien te cacher.

— Je vous remercie de ce témoignage de confiance, il vaut toujours mieux aprécier ses ressources que de s'aveugler sur leur importance.—Ainsi, vous êtes certain qu'il n'y a rien a faire avec ce général.

— Rien...

— Cependant Theobald a écrit au comte qu'il l'avait à peu près séduit.

— Mensonge; à te parler franchement, ce Théobald, ce Cormatin, ne me parait qu'un intrigant sans mérite. Sa conduite à mon avis est tout à fait inexplicable. Je n'aime point sa prétendue pacification de la Mabilaye, ses intrigues auprès des représentans, ses correspondances avec l'agence de Paris. Je veux qu'on marche droit, qu'on porte à son chapeau le signe de son parti. A mon avis, Cormatin a voulu jouer un rôle plus important qu'il ne pouvait le remplir, il a été dupe de ses propres finesses. Je ne doute même pas qu'il n'ait trahi monsieur le comte de Puisaye pour les agens de Paris, et son arrestation ne me causerait aucune peine si elle ne devait pas compromettre une foule d'honnêtes gens.

— Les explications que vous m'avez données sur sa conduite me portent volontiers à penser comme vous. Cependant comment se fait-il que monsieur le comte l'ait investi de sa confiance au point de le nommer son représentant en Bretagne, lorsqu'il est parti pour Londres?

— Monsieur de Puisaye s'est d'autant plus facilement trompé, que Cormatin possédait la plupart des qualités nécessaires à de pareilles fonctions.

— Mais dans quel but nous en a-t-il aussi grossièrement imposé sur le compte de ce général?

— Dans le but de se faire valoir. Peut-être au reste était-il de bonne foi, car son caractère le porte à prendre facilement ses désirs pour des réalités. Mais il n'en est rien je t'assure. Hoche est un de ces hommes tels que l'histoire des peuples nous en montre. La révolution l'a trouvé caporal dans les gardes françaises, trois mois après il débloquait Dunkerque, l'année suivante il était général en chef de l'armée de la Moselle. Mais ces succès rapides ne l'ont point ébloui : toute son ambition est de servir la république, et l'injustice qu'on lui a faite en le reléguant à l'armée de l'intérieur l'a mis à même des développer des qualités autrement rares que les talens militaires. Peut-être la république aura-t-elle des généraux dont les succès seront plus éclatans, mais j'ose affirmer qu'elle n'en aura pas qui joigne à plus d'énergie et de fermeté, une plus grande sagacité, une politique plus habile : il est en même temps militaire, diplomate et législateur ; ses instructions en font foi. Cependant toutes ces qualités nous le rendraient peu redoutable ; si elles n'étaient pas relevées par une probité antique, un esprit conciliateur et bienveillant, un grand amour de la justice. C'est par là surtout qu'il est utile à son parti et dangereux pour notre cause. C'est à cette source qu'il puise toutes ses inspirations. Juge à présent des difficultés que nous devons éprouver à maintenir le pays dans un état convenable, et des obstacles que nous aurons à surmonter en présence d'un pareil homme.

— C'est bien ainsi qu'on l'a représenté au comte, répondit Louis d'un ton soucieux ; il est fâcheux que d'aussi précieuses qualités ne soient pas employées au service d'une meilleure cause. — Mais mon père, vous ne m'avez montré que les avantages de l'ennemi, quels sont les nôtres ?

— Ils sont grands, ils sont suffisans pour vaincre, si on sait en tirer tout le parti convenable ; mais je te l'avoue, je crains davantage nos fautes que la pénurie des ressources.

— Jusqu'à ce jour, il est vrai, nous avons manqué d'ensemble. Visant tous au même but, nous n'avons pas été d'accord sur la route et sur les moyens. L'expérience du passé nous profitera pour l'avenir, l'expédition qui se prépare réunit toutes les conditions de succès, si nous trouvons ici l'accueil qui nous est promis.

— Le pays vous attend, il est tout disposé à vous recevoir. — Sur les instructions qui nous ont été transmises, le conseil du Morbihan s'est assemblé ces jours derniers. Nous avons immédiatement donné des ordres pour une levée générale, nous avons coupé les ponts, les routes, détruit les communications. La désertion fait des progrès rapides, les administrations nous appartiennent en majeure partie ; les autres sont désorganisées par la terreur que nos menaces et nos expéditions ont répandue. Tout marche selon nos vœux, et si tu m'assure que le commandement de l'expédition est confié à des mains habiles, je ne doute pas de voir encore avant ma mort, la France glorieuse sous ses rois...

— Eh bien je crois vous rassurer et vous donner la certitude de l'accomplissement de vos vœux, en vous annonçant que la direction de notre entreprise est confiée au comte de Puisaye.

— Tant mieux, dit le vieux noble, tant mieux, car j'ai foi en lui. — Mais est-ce qu'un de nos princes ne l'accompagnera pas ?

— Le comte d'Artois nous a promis...

— Ah ! s'écria-t-il avec émotion ; je reconnais bien là le noble sang des Bourbons, le descendant de Henri IV et de saint Louis. —Maintenant, mon enfant, j'ai une confiance entière dans le succès de notre cause, autant que dans sa bonté.—A ton tour, dis-moi quels sont vos moyens.

— L'escadre qui doit nous suivre de quelques jours se compose de trois vaisseaux de ligne de soixante-quatorze, de deux frégates de quarante-quatre, de quatre corvettes de trente à trente-six, de plusieures chaloupes canonnières et vaisseaux de transport, sous le commandement du commodore Waren, l'un des meilleurs officiers de la marine anglaise. Cette escadre porte à son bord les régimens d'Hervilly, d'Hector et du Dresnay, un régiment d'artillerie Toulonnais commandé par Rethalier, et les débris du régiment de la Châtre, qui s'est acquis une si haute réputation sous le nom de Loyal-émigrant. Nous avons des vivres pour une armée de six mille hommes pendant trois mois, cent chevaux de selle et de trait, dix-sept mille uniformes complets d'infanterie, quatre mille de cavalerie, vingt-sept mille fusils, dix pièces de campagne, six cents barils de poudre.

Le vieux gentilhomme fit claquer ses doigts, une expression de joie indicible était empreinte sur sa figure.

— Ce n'est pas tout, mon père, continua Louis que cette énumération avait également animé ; voilà la première division, celle que le premier bon vent fera paraître dans la baie. Une seconde ira prendre à Jersey les officiers émigrés organisés en cadres, qui se compléteront dès leur arrivée ici. Une troisième, faisant voile pour l'embouchure de l'Elbe, nous amenera les régimens émigrés à cocarde noire qui ont reçu l'ordre de se tenir prêts. Dès que ces forces seront réunies, nous nous emparerons aussitôt d'une position importante, l'Angleterre sûre d'un lieu de débarquement, nous enverra une armée, de nouveaux secours en matériel et en argent, et enfin le comte d'Artois que lord Moira est allé chercher sur le continent.

— Oh! mon Dieu! oh! mon roi! murmura le vieillard.

Et deux larmes coulaient doucement sur

ses joues, ses lèvres entr'ouvertes semblaient adresser une action de graces au ciel.—Louis, mon fils, mon cher enfant, notre succès est certain, la cause du trône et de l'autel est gagnée.

Le jeune royaliste interrompit brusquement la joie expressive de son père.

— Ecoutez! dit-il, n'avez-vous rien entendu?

— Quoi?

— Il m'a semblé ouïr un bruit sourd... comme la marche d'une troupe armée.

Le vieillard prêta l'oreille.

— Ce n'est rien... le vent dans nos pauvres arbres. S'ils n'étaient pas les seuls qu'on aperçoit sur la côte, je les aurais fait abattre, car ils font plus de bruit qu'ils ne nous donnent d'ombrage, c'est un inconvénient du voisinage de la mer, de brûler l'herbe et les feuilles. — Mais continue, quelle est ta mission en devançant la flotte?

—Je dois d'abord m'entendre avec le conseil, visiter les chefs, veiller à l'organisation de leurs divers corps, j'apporte pour cela de faux assignats que monsieur le comte a fait fabriquer à Londres pour discréditer cette monnaie, et des valeurs en numéraire. Puis la *Marie-Reine* est chargée de poudre et de fusils que nous mettrons à terre cette nuit même pour parer aux plus pressans besoins...

— Bien, bien, c'est cela... diable! mais tu aurais dû me prévenir plus tôt, il se fait tard, comment rassembler nos hommes.

— J'y ai pourvu. Tinténiac, débarqué avec moi, s'est rendu immédiatement à Carnac, où il a dû tout disposer. — Il tressaillit : — J'entends marcher dans la cour.

Ils écoutèrent dans le plus profond silence, retenant leur respiration. La figure du vieux gentilhomme se couvrit d'une pâleur mate.

— Il y a quelqu'un là, murmura-t-il, on parle à voix basse, on...

La porte s'ouvrit, Marie entra avec précipitation.

— La maison est cernée, dit-elle, il y a des troupes dans la cour.

Louis et son père se levèrent, une profonde détresse se peignit sur leurs traits. Marie, non moins inquiète, avait néanmoins conservé tout son calme.

— C'est moi qu'ils cherchent, il faut fuir.

— Impossible, toutes les issues sont occupées.

— Oh! mon Dieu! mon Dieu! que faire? s'écria le vieillard; s'ils te trouvent, mon fils, ils...

— Louis, interrompit la jeune fille, as-tu des papiers importans ou qui pourraient te compromettre? il faut les mettre en sûreté.— Peut-être n'est-ce encore qu'une patrouille.

— Tu as raison, ma sœur, dit Louis en se remettant; prends ce portefeuille, il renferme la fortune de l'expédition, tout serait perdu si on le trouvait.

— Mais que font-ils là? pourquoi n'entrent-ils pas? es-tu sûre, Marie, que ce soient des républicains?

— Sûre, je les ai vus poser des sentinelles, ils prennent sans doute leurs mesures pour empêcher toute évasion.

— Ces troupes n'agriaient pas ainsi sans ordres exprès, il n'en faut pas douter, c'est moi qu'elles veulent prendre.

— Peut-être n'est-ce aussi qu'une visite domiciliaire, ce n'est pas la première que nous recevons. — Ton arrivée, mon fils, ne peut pas être connue ; as-tu rencontré quelqu'un...

— Ah! vous m'y faites penser... — Je n'ai plus de doutes, c'est moi... le misérable m'a dénoncé.

— Qui?.. demandèrent en même temps le vieillard et Marie.

— Charles Kerdelo.

— Oh! quel soupçon! non, non, c'est impossible, s'écria la jeune fille dont les joues se colorèrent soudain.

— Charles Kerdelo! mais il était ici ce soir, il nous a quittés dans les meilleurs sentimens.

— Raison de plus pour qu'il m'ait dénoncé, car il vous trompait...

— Comment, comment, demanda le vieux noble avec étonnement.

—Charles Kerdelo est devenu jacobin, il sert actuellement dans les troupes républicaines... je le tiens de lui-même.

—Charles, ce petit Charles... conçois-tu cela, Marie? et dire que ce serpent...

Il n'acheva pas, une voix partie du dehors leur confirma tout ce qu'ils avaient prévu.

— Au nom de la loi, ouvrez!

Un moment de silence suivit.

— Quel contre-temps! s'écria Louis, et nos munitions qui vont se débarquer, et Tinténiac qui m'attend... Oh! c'est à en mourir... — A tous risques, je vais tenter une évasion, la nuit est sombre, je peux leur échapper...

La même voix se fit encore entendre.

— Au nom de la loi, ouvrez!

Ces paroles furent appuyées par des coups de crosse à la porte qui retentirent lugubrement dans les échos de la maison. Chaque seconde en s'écoulant oppressait davantage le cœur de ces trois personnes, leurs regards inquiets se portaient avec égarement dans toutes les parties de la chambre. Tout à coup,

Marie releva la tête, la joie brillait dans ses yeux.

— Suivez-moi, dit-elle, en saisissant la lumière, nous pouvons nous sauver.

— Béni soit Dieu! — Mais, comment, ma sœur?

— Les caves de l'ancien château ont une issue dans la campagne; venez, tandis qu'il en est temps.

Ils sortirent tous trois de la chambre, traversèrent un long corridor et descendirent un escalier tournant dont les marches étroites étaient glissantes et moussues. Vers le milieu, ils entendirent un grand bruit : c'était la porte qui tombait. Ils redoublèrent de vitesse, soutenant les pas mal assurés de leur père, et se trouvèrent enfin de pied ferme sous une voûte basse qui se prolongeait au loin. Une porte de chêne garnie de gros clous et de traverses en fer existait au bas de l'escalier. Le bruit qu'elle rendit en tournant sur ses gonds rouillés fut couvert par celui des troupes qui parcouraient tumultueusement la maison.

— Nous sommes sauvés mes enfans, dit le vieillard en les serrant tous deux dans ses bras.

— Pas encore, dit Marie, car les fouilles se porteront sans doute de ce côté. Profitons de l'avance que nous avons sur eux.

La justesse de cette observation fut sentie, ils se remirent en marche et s'avancèrent péniblement dans un étroit couloir dont le pavé inégal était hérissé de pierres et de décombres. Louis soutenait son père, Marie les précédait avec la lumière qui vacillait à la compression de l'air et projetait des ombres pâles sur les murailles luisantes d'humidité.

— Étrange effet des guerres civiles, reprit Marie, qui m'eût dit qu'un jour je ressemblerais à ces tristes héroïnes dont les infortunes m'ont si vivement touché. C'est qu'en effet nous offrons tous les élémens d'un épisode romanesque. Le frère proscrit, audacieux conspirateur débarqué tout à point pour envelopper son vieux père dans la persécution dont il est l'objet; le souterrain mystérieux qui favorise l'évasion des fugitifs, et enfin la jeune fille en robe de linon, vêtemens ordinaires de ces malheureuses personnes et fort mal choisi, comme je m'en aperçois, pour une fuite nocturne dans un couloir mal propre. En vérité, je souhaite qu'un honnête écrivain me choisisse pour son héroïne.

—Prends-y garde, Marie, répondit son frère, un pareil honneur se paie cher. — Le ruisseau qui coule paisiblement entre deux rives bordées de fleurs, n'attire pas les regards comme le torrent qui bondit sur les rochers ; mais la vie ignorée de l'un est peut-être préférable à l'éclat séduisant de l'autre.

— Qui sait, dit Marie, d'une voix agitée.

Ils marchèrent en silence pendant plusieurs minutes, la vivacité de l'air annonçait qu'ils arrivaient près de l'orifice du souterrain. Un bruit léger se fit entendre à quelque distance devant eux, ils l'attribuèrent naturellement à la présence d'un animal et continuèrent d'avancer ; mais le bruit augmentait, il ressemblait au pas d'un homme qui se fut approché avec précaution. Une sueur froide inonda leurs corps : aux craintes fondées qu'ils concevaient se joignait une sorte de terreur superstitieuse inspirée par l'heure et le lieu. — Il faut en finir, dit Louis, je préfère être pris que de rester plus long-temps dans cette incertitude cruelle.

En disant ces mots, il prit la lumière des mains de sa sœur, qui se retira auprès du vieillard. Ils avancèrent ainsi pendant quelques minutes entendant toujours le même bruit que l'écho du souterrain leur avait fait croire plus près. Enfin, parvenus à un coude, ils aperçurent un homme non loin devant eux ; celui-ci les avait vus sans doute et accourait à leur rencontre.

— C'est lui! s'écria Louis, je le reconnais, le misérable vient nous arrêter jusqu'ici.

Il eut la pensée de faire usage de ses armes, mais craignant pour son père et Marie, la vengeance des amis de Charles, il refréna sa colère. — Citoyen Kerdelo, vous avez bien réussi, la république, je n'en doute pas, reconnaîtra généreusement le service que vous lui rendez.

Cet accueil, lorsqu'il arrivait à travers mille dangers dans les meilleures intentions, causa à Charles un profond mécontentement.

— Vous êtes le maître, monsieur, d'avoir sur mon compte telle opinion qu'il vous plaira. Si vous étiez seul ici, je croirais me déshonorer en vous donnant la plus légère explication. — M. de Kerdcrf et vous, mademoiselle, je vous prie de m'écouter. — En entrant à Kergonant, mon père m'apprit qu'il venait de recevoir un mandat décerné contre vous avec ordre de le mettre aussitôt à exécution. Des circonstances indépendantes de ma volonté ne m'ont pas permis de vous prévenir à temps, lorsque j'arrivai la maison était déjà investie par les troupes. Je me rappelai ce souterrain où dans notre enfance nous avions souvent pénétré, et je voulus tenter d'arriver jusqu'à vous...

C'est bon, c'est bon, tout cela peut être vrai, répartit le vieux gentilhomme hésitant entre son ancienne amitié pour Charles et la colère qu'il ressentait de son changement d'opinion ; pour mon compte je désire te croire, mais la preuve... il m'en faut une...

—Ma parole ne vous suffit-elle pas, répliqua Charles avec dignité.

—Ce soir je l'aurais acceptée, à présent c'est une autre affaire.

— L'esprit de parti vous emporte bien loin monsieur, vous semblez croire qu'en me décidant à servir la république j'ai répudié tous sentimens honorables. Cependant cette résolution n'a rien qui doive vous surprendre, ma naissance, mes attraits et mes sympathies la commandaient depuis long-temps, mon seul tort est de ne l'avoir pas prise plutôt et d'avoir attaché jusqu'à ce moment par faiblesse ou indolence si peu d'intérêt aux opinions politiques que je laissais chacun maître de professer la sienne en toute liberté devant moi, préférant tout approuver que d'aborder une discussion orageuse. Est-ce ma faute si mon caractère ne me permet pas de m'enthousiasmer pour les querelles de parti.

—Au temps où nous vivons cette indolence est un crime, il n'est permis à aucun homme de rester spectateur paisible d'une lutte d'où dépendent les destinées de la France. Tu es républicain, c'est bien, nous savons désormais comment agir avec toi. Mais je t'estimerais davantage si tu étais plus dévoué à la cause que tu défends.

—Il est résulté de votre conduite, monsieur, un grave inconvénient que vos explications ne sauraient réparer. Vous vous êtes immiscé dans la confiance de ma famille, tous nos secrets vous sont connus; nous voulons bien croire que vous n'en abusez pas, mais il vaudrait mieux que vous ne nous eussiez pas mis dans la position de le craindre.

—Encore une fois, monsieur, répliqua Charles d'un ton sec; ces explications ne s'adressaient pas à vous.

— J'en suis fâché, monsieur, car j'en ai d'autres à vous demander, et je prétends que vous y répondiez.

— Vous prétendez ! répéta Charles avec hauteur.

— J'emploierai tous les moyens pour vous y contraindre, monsieur, n'oubliez pas que je suis sous le coup d'une loi qui me conduit à l'échafaud, et qu'il dépend de vous qu'elle me soit appliquée.

Charles allait répondre dans des termes peu propres à faire cesser cette querelle, quand son regard rencontra celui de Marie, dont l'expression suppliante fit tomber toute sa colère.

— Parlez, monsieur, dit-il.

Cette subite transition surprit également les deux gentilhommes. Louis réfléchit un moment comme s'il voulait substituer d'autres paroles à celles qu'il comptait précédemment employer.

— Tout à l'heure, j'ai peut-être parlé avec trop de précipitation, mais les apparences étaient contre vous ; voulez-vous éviter de plus longues discussions.

— Comment ? Je ne demande pas mieux.

— Notre maison est investie, nous allons chercher un asile. Si vous restiez derrière nous, et qu'un nouveau malheur nous arrivât, nous serions en droit de vous en accuser ; en nous accompagnant jusqu'à Carnac vous nous ôterez toute inquiétude et tous motifs de soupçons que j'aime à croire mal fondés.

— Je vous eusse fait moi-même cette proposition, dit Charles.

— Eh bien! marchons.

En quelques minutes ils furent hors du souterrain. Pendant qu'ils franchissaient un passage difficile à travers des décombres pour entrer en rase campagne, la jeune fille passa auprès de Charles, et murmura à son oreille.

— Monsieur Charles, je vous remercie pour mon père.

Il voulut lui répondre ; mais elle avait déjà rejoint le vieillard qui s'appuyait sur son bras.

V.

Dans la soirée où se passèrent les événemens que nous venons de rapporter, un détachement de vingt-cinq chasseurs commandé par deux officiers arrivait au bourg de Carnac par la route d'Auray. L'ordre de marche de ce petit corps annonçait que les chefs avaient prévu la possibilité d'une attaque inattendue, aussi avaient-ils pris toutes leurs précautions pour éviter d'être surpris.

Trois chasseurs précédés d'un guide s'avançaient à cent toises environ du détachement, quatre étaient sur les flancs à égale distance et un nombre égal formait l'arrière-garde. Le soleil était couché, mais il restait encore assez de clarté pour distinguer parfaitement l'aspect agreste et sauvage de cette partie de la côte.

L'un des officiers qui portait l'uniforme du détachement marchait de l'air insouciant d'un soldat s'intéressant fort peu aux beautés pittoresques du pays qu'il traverse, et sa principale occupation était de maintenir son cheval à deux pas en arrière de celui de son compagnon, à qui il cédait le passage dans tous les endroits difficiles avec une déférence marquée. Celui-ci, confiant dans l'instinct de sa monture, la laissait libre de choisir elle-même sa route, et toute son attention était portée sur la campagne qu'il semblait étudier dans les plus petits détails.

Cet homme était de ceux qu'on distingue au premier abord de la foule, et qui ne passent jamais inaperçus dans quelques positions qu'ils soient, peut-être par le désir et la puissance qu'ils se sentent d'occuper le premier rang. Cependant il n'y avait chez celui-ci ni orgueil ni présomption; et s'il était en position de commander, il devait le faire de ce ton calme et assuré qui rend l'obéissance facile, parce qu'il semble que les ordres qu'on reçoit vont au-devant de vos désirs ou de vos vues. Sa taille était haute d'environ cinq pieds sept pouces. Ses formes mâles et prononcées ne manquaient pas d'élégance. Mais ses épaules larges et sa poitrine saillante lui donnaient une grande apparence de vigueur et quelque chose de cette roideur de la tenue militaire. Une cicatrice légère qu'il portait du milieu du nez à l'extrémité du front sur le côté droit, loin de gâter ses traits leur donnait un air plus martial. Ses yeux noirs surmontés de sourcils épais étaient profonds et pleins de vie. Il avait une bouche petite et gracieuse, de belles dents, et une expression remarquablement spirituelle dans le plissement de ses lèvres. Néanmoins le caractère dominant de sa physionomie était la sévérité. Ses cheveux noirs taillés carrément découvraient un front élevé, saillant et large, tel que les sculpteurs grecs en donnaient à leurs demi-dieux, il les portait longs sur les côtés et derrière selon la coutume du temps. Son costume d'une extrême simplicité se composait d'un habit bleu boutonné jusqu'au menton, d'une cravatte noire négligemment attachée, avec son chapeau à cornes sans plumet ni ornemens. La seule marque qu'il portait d'un grade supérieur, était une ceinture de soie attachée par un gros nœud dont les bouts garnis de franges descendaient sur le côté.

Ils se trouvaient alors sur une lande où l'on remarquait çà et là quelques enclos défrichés. Devant eux se montrait à une faible distance le bourg de Carnac situé sur le haut de la côte, et un peu plus à gauche la chapelle de Saint-Michel bâtie sur le faîte d'une colline qui domine toute la contrée. Au-delà on découvrait la mer dans un horizon éloigné. En avant de Carnac et de la chapelle, les lignes de pierres qui ont fourni matière à tant de conjectures et de dissertations savantes, occupaient le point culminant de la côte depuis le bourg jusqu'au bras de mer de la Trinité sur une étendue de six cent soixante-dix toises.

Ces pierres, qui varient de grosseur, sont plantées à dix-huit, vingt et vingt-cinq pieds les unes des autres. Il y en a qui ne sont pas plus grosses que les bornes ordinaires, mais en revanche on en remarque surtout à l'extrémité des rangs qui sont hautes de seize à vingt pieds, et quelques-unes sont d'une masse si prodigieuse, qu'elles doivent peser plus de quatre-vingt milliers. L'imagination est effrayée des difficultés qu'il a fallu vaincre pour élever ces masses énormes à une époque où le travail humain, dénué du secours des arts, n'avait de ressources qu'en ses forces. Ce qui ajoute encore à l'étonnement, c'est que ces pierres sont fichées la tête en bas, de sorte qu'il y en a plusieurs qui semblent, au premier abord, reposer sur un piveau; elles sont brutes, telles qu'on les a tirées du rocher, on en remarque seulement quelques-unes qui ont un côté applati sur la face qui regarde les rues. Plusieurs ont été renversées; parmi celles-ci, il en est une à l'extrémité vers l'ouest creusée en demi-sphéroïde allongé, dont le grand diamètre est de dix pieds et le petit de six. Cette forme est si voisine de la régularité et si propre à recevoir des holocaustes, qu'il est naturel de penser que cette pierre était l'autel où sacrifiaient les barbares qui avaient fait de ce lieu le temple de leurs divinités. En effet, son voisinage de la mer, sa situation élevée sur une côte déserte et nue, au fond d'un pays sauvage, le rendaient éminemment propre aux cérémonies mystérieuses des Druides, qui entouraient leur culte de tous les prestiges propres à saisir l'imagination.

On voit encore beaucoup d'autres pierres plantées seules ça et là dans les campagnes environnantes, ainsi que des buttes de terre servant à marquer la sépulture des principaux personnages à cette époque reculée. Les paysans ont long-temps honoré ces pierres au point de n'oser y toucher, mais les croyances salutaires qui les préservaient d'une prompte ruine se sont effacées dans le choc des révolutions, et ces précieux restes de l'antiquité, ce monument des premiers âges, en peu d'années, a été en partie détruit. L'administration de Carnac a défendu trop tard d'y porter de nouvelles atteintes. Le mal est fait et désormais irréparable.

Le personnage que nous avons décrit plus haut fit appeler le guide qui marchait à l'avant-garde.

— Ces pierres que j'aperçois là-bas ne sont-elles pas ce qu'on nomme le Camp de César?

— Sous votre bon plaisir, les uns disent le Camp de César et les autres le Champ des Fées.

— Et toi, quel nom leur donnes-tu?

— Je dis toujours le Champ des Fées, et j'ai mes raisons pour ça.

— Vraiment, j'aimerais à les connaître.

— Qui ça, les Fées ?

— Non, tes raisons.

— Dame, sous votre bon plaisir, quand on a vu ce que j'ai vu là-dedans, on sait à quoi s'en tenir.

— Qu'as-tu donc vu?

— Le sabbat comme je vous vois à cette heure.

— Diable! comment t'en es-tu tiré?

— Par un miracle du bon Dieu. — Figurez-vous qu'un mercredi soir, il y aura treize ans le jour de la saint Florentin, je revenais d'Auray sur ma jument grise, la mère de ce bidet-là. Il faisait noir comme dans un four, si bien qu'au lieu de suivre tout droit ma route, je fus tomber au milieu des rues de pierre. Quelqu'un qui eut peur, ce fut moi, j'aurai donné une pièce de douze sous de grand cœur pour être rendu chez nous. Je piquai ma jument pour lui faire allonger le pas; mais la bête s'arrêta court, comme si le diable lui eût attaché les jambes. C'était la première fois qu'elle me jouait un pareil tour, et vous conviendrez qu'elle choisissait mal son temps. Voyons ça, je me dis : sûrement qu'elle est ensorcelée, et puis je sautai à bas pour voir à me sauver seul. Mais voilà bien une autre affaire, toutes les pierres que vous voyez commencèrent à remuer, à branler, à danser ; elles s'approchèrent toutes et firent un grand rond qui tournait autour de moi. Je n'ai pas besoin de vous dire quelle figure je faisais là, vous le devinez de reste. Après ça elle se heurtèrent avec un tintamarre d'enfer, et il sortit de chacune une nichée de crillons, de poulpiquets et de fées. Faut être de bon compte, les fées ne me firent pas peur. C'étaient de grandes jeunes femmes vêtues de robes blanches de toiles et de fleurs, comme la sainte vierge de notre église, quand on la pare pour les grands jours. Pendant que j'ouvrais les yeux pour voir ce qui se passerait ; les poulpiquets et les crillons, ces vilains petits nains maudits s'accrochèrent à mes jambes, à mes bras, à mes cheveux et m'entraînèrent parmi les fées. Là, ils commencèrent à me faire tourner, tourner si bien que je perdis la tête, et ma foi je ne sais plus ce que je devins jusqu'au lendemain matin que je me réveillai couché au milieu des pierres, à côté de ma jument qui broutait tout tranquillement.

— Je conçois maintenant que tu appelles ce lieu le Champ des Fées, dit le militaire en souriant.

— N'est-ce pas que je suis bien payé pour en savoir quelque chose? — Voyez-vous là-bas à gauche, cette pierre plus grande que les autres? nous l'appelons le Tambour-Major.

— Ce nom a-t-il aussi une origine surnaturelle?

— Ça, c'est par farce et histoire de plaisanter. On dit que ces pierres rangées sont les soldats du bienheureux saint Cornéli, le patron de notre église, et celle-là, à cause de sa taille, en est le tambour-major.

— Vous pensez que ces pierres sont les vestiges d'un camp romain? demanda l'officier à son compagnon.

— Cette opinion a été avancée par La Sauvagère, qui a bâti, pour l'appuyer, un roman peut-être ingénieux, mais bien éloigné de porter la conviction. La dénomination de Camp de César, qu'on a donné à ce lieu, lui fait croire que l'érection de ces pierres est l'ouvrage des soldats romains qui les auraient plantées pour mettre leur tente à l'abri du vent; ou y adosser des barraques. En examinant tout ceci d'un œil militaire, vous vous convaincrez facilement que la distance des pierres, la différence de leur hauteur, l'inégalité de largeur des rues ne pouvaient convenir aux dispositions régulières d'un camp romain. Et si l'on réfléchit au travail prodigieux qu'a dû nécessiter l'extraction, le transport et l'élévation de ces pierres, on ne peut croire un seul instant que les soldats de César aient dépensé tant de forces pour la construction d'un camp qui ne ressemble, du reste, à aucune des traces qu'ils nous ont laissées de pareils ouvrages. Il se peut faire que César ait choisi ce lieu pour y camper pendant la guerre qu'il soutint contre les Vénètes. Cette position était d'autant plus favorable, qu'il pouvait observer de là les manœuvres de l'ennemi et celles de sa flotte, et se porter immédiatement où les besoins l'exigeaient. Mais ceci n'est qu'une présomption.

— A qui attribuez-vous donc l'érection de ce monument?

— Je n'hésite pas à croire qu'il faut en chercher l'origine dans le système religieux des Armoricains. Il n'y a qu'un pareil mobile qui puisse faire entreprendre un travail aussi colossal que l'a été celui-ci. — Si j'en ai le temps demain, je viendrai visiter ces pierres dans tous leurs détails. Il me semble qu'en parcourant ces allées symétriques, l'imagination me transportera à l'époque de leur fondation, lorsque le collége des Druides s'assemblait au milieu de cette enceinte mystérieuse pour y pratiquer ses barbares cérémonies. Je regrette que l'histoire ne nous apprenne rien de ces temps reculés, et que nous soyons réduits à conjecturer ce qu'ils furent.

L'officier ne répondit pas, et l'autre parut

continuer la pensée qu'il avait émise. Quelques minutes après, ils arrivèrent à Carnac. Un poste établi à l'entrée du bourg sortit pour les reconnaître. L'officier de chasseurs dit quelques mots au sergent qui commandait le poste, et celui-ci fit aussitôt rendre aux arrivans les honneurs militaires.

L'autre officier fit signe au sergent d'approcher.

—Le capitaine Clément est-il actuellement à Carnac?

— Non, général, il est en patrouille.

— Quand reviendra-t-il ?

— De dix à onze heures ce soir.

— Combien a-t-il d'hommes avec lui?

— Cinquante.

— De sorte qu'il ne reste plus que vingt hommes au cantonnement?

— Quatorze; il y en a six à l'hôpital d'Auray.

— Le bourg est-il tranquille?

— C'est selon. Il n'y a pas de cris ni de mouvemens séditieux, mais le feu couve sous la cendre.

—Et quand penses-tu qu'il éclatera?

— Plutôt ce soir que demain, plutôt demain qu'un jour après.

— Sur quoi fondes-tu cette opinion? — quelle preuve pourrais-tu m'en donner?

— Je n'en ai point, c'est une idée.

— Ainsi tu as remarqué de la fermentation parmi les habitans, et tu juges d'après cela qu'il se complote quelque intrigue. Mais tu n'as rien, du reste, de plus positif que cette simple présomption.

— C'est la vérité, général.

— Depuis quelle époque es-tu employé dans l'ouest?

— Nous sommes arrivés à Nantes au mois de nivôse de l'an II.

— Tu faisais partie de la division Bonnaire venue de l'armée du Nord?

— Oui, mon général.

— C'est bien. Bonne garde cette nuit. Fais sortir de fréquentes rondes dans les environs du bourg. — Cet homme paraît intelligent, son opinion sur le pays s'accorde avec les renseignemens que j'ai reçus de cette côte. Un grand mouvement se prépare, mais il ne nous surprendra pas. — Capitaine, logez vos hommes de manière à les avoir tous sous la main, qu'ils couchent auprès de leurs chevaux et se relèvent pour dormir. Lorsque vos mesures seront prises, vous viendrez souper avec moi.

En achevant il mit pied à terre et se dirigea vers le point central du bourg en se guidant par le clocher. Les habitans attirés dehors par le bruit des chevaux étaient sortis sur leur porte, et il lui fut facile de s'apercevoir, aux chuchottemens et aux regards en dessous qui l'accueillaient à son passage, que les armées de la république comptaient peu d'amis à Carnac. Un groupe assez nombreux était réuni à peu de distance de l'auberge où il avait dessein d'entrer. A son approche il en sortit quelques propos menaçans qui lui étaient évidemment adressés, quoique celui qui les eût dits affectât de ne pas le voir. Bien qu'assez éloigné de son escorte qu'il avait perdue de vue, il ne voulut pas avoir l'air de remarquer ces manifestations hostiles et moins encore d'en paraître effrayé. Changeant aussitôt la direction de ses pas, il marcha droit vers le groupe. Cette action qu'ils n'avaient pas prévu diminua beaucoup de l'assurance des paysans, ils se regardèrent tous avec embarras, ne sachant quelle contenance tenir ni quelle réponse faire en cas qu'il leur demandât l'explication de leurs paroles. Car cet homme, outre sa haute stature et son apparence de vigueur, avait une de ces figures qu'on n'aime pas à braver en face quand surtout elles se joignent à un grade élevé qui impose toujours le respect lors même que celui qui en est revêtu appartient au parti ennemi.

Il s'arrêta à deux pas et promenant un œil indifférent sur tous ces individus comme s'il eût cherché quelqu'un à qui s'adresser, il toucha légèrement du doigt celui qui avait parlé.

— Citoyen, dit-il, obligez-moi de m'enseigner la meilleure auberge de Carnac?

Le paysan qui avait perdu contenance en le voyant approcher, respira plus librement lorsqu'il vit qu'il ne s'agissait pas d'entrer en explication avec un tel adversaire.

— La meilleure auberge, monsieur, vous n'en n'êtes pas éloigné... c'est là chez maître Madiou, le maire de chez nous, ajouta-t-il avec une légère grimace.

— Allez, son enseigne ne ment pas, ajouta un autre, il donne bon vin et bon logis.

— Comment vont les affaires reprit le républicain en s'adressant au premier : la récolte sera bonne, vous vendrez vos grains un prix avantageux?

— Bonne, si l'on veut, l'épi est gros, mais il ne rendra guère... et puis on tient à ce que l'on a, quand il faut échanger son grain contre des chiffons de papiers, on y regarde à deux fois.

— Cependant l'assignat représente le numéraire, puisque vous pouvez acquitter avec lui vos impôts et vos fermages.

— Les impôts ! répéta le paysan en ricanant avec malice, il n'en est plus question depuis que la liberté règne à la place de notre roi. C'est toujours ça de gagné.

— On vous a trompé. La république a de grands besoins, et il est du devoir de tous les Français d'acquitter fidèlement les charges, puisqu'ils jouissent des bénéfices.

— Nous ne refusons pas de payer l'impôt, mais on ne vient plus nous le demander par ici, nous croyions que c'était fini.

— Vous savez bien le contraire. Toute la différence est que la république attend du patriotisme de ses enfans ce que la royauté exigeait avec des recors. On vous a demandé vingt fois d'acquitter vos impôts, c'était le moyen d'écouler vos assignats d'une manière avantageuse; mais lorsqu'on a vu que vous cédiez à de perfides suggestions, que vous vous obstiniez à regretter un ordre de chose si mauvais, la république qui vous regarde comme des enfans égarés n'a pas voulu sévir contre vous, elle a préféré attendre que le temps vous désillât les yeux par la comparaison du passé avec le présent.

— Tout cela est bel et bon, mais on sait ce que l'on sait. Allez vous-en voir le bienheureux qui est debout sur la porte de l'église, il est changé comme un malade en langueur, il n'a plus le pouvoir de conjurer les esprits. Pas plus tard que ce matin, Lezec lui a conduit sa vache qui était ensorcelée, il l'a ramenée de même. Dam aussi, l'église est fermée, les araignées font leur toile sur le battant de la cloche, et la maison du recteur est occupée par les soldats. La bénédiction du Seigneur s'est retirée d'avec nous.

— Vos prêtres sont responsables de leur conduite devant Dieu. Ils ont préféré vous abandonner aux séductions du péché que de prêter serment à la république. Dieu, qui voit tout, les jugera. En attendant, mes amis, fermez l'oreille aux conseils de ces malheureux qui voudraient vous arracher à vos foyers, vous mettre les armes à la main pour venger leurs haines ou servir leurs intérêts. Rappelez-vous que le sang appelle du sang, que la république est forte autant que patiente, et que sa colère est terrible quand on l'a poussée à bout.

En disant ces mots il partit, laissant les paysans étonnés de ce langage, mais non touchés de ses raisons, et se dirigea vers la maison qu'ils lui avaient indiqués.

Outre le brandon de gui qui annonçait un bouchon, elle se recommandait encore aux étrangers par le luxe d'une enseigne où les yeux exercés pouvaient découvrir ces mots tracés avec du charbon sur un carré de mur blanchi : chez Madiou, bon vin, bon logis, loge à pied et à cheval.

L'hôte, debout sur sa porte, avait entendu une partie de cette conversation qui lui avait donné une haute opinion de cet étranger. Il se retira promptement pour lui livrer entrée et ôta son chapeau de l'air du plus profond respect.

— Citoyen Madiou, dit ce dernier, vous allez m'apprêter promptement à souper, vous mettrez deux couverts et préparerez deux lits.

— Un souper, deux couverts et deux lits, c'est entendu, citoyen. Si j'avais été prévenu de votre arrivée, je me serais fendu en quatre pour me montrer digne de l'honneur que vous faites à ma maison, mais je suis pris au dépourvu.

— Soyez tranquille, j'apporte un vaste appétit pour assaisonner vos mets.

— Quant à l'assaisonnement, je vous jure qu'il n'y manquera pas : René Madiou sait son métier, deux sous de poivre en supplément dans un ragoût sont bien payés par l'écoulement du liquide, et sans qu'il y paraisse, la consommation va son train.

— C'est un calcul fort judicieux, mais je vous prie d'en réserver l'application pour d'autres bouches que la mienne.

— A votre aise, ne vous gênez pas, demandez selon votre goût, et l'on s'y conformera.

— Quand je disais tout à l'heure que j'étais

pris au dépourvu, c'était une manière de parler, car je suis assez bien fourni pour vous offrir un petit choix en viande, volaille ou poisson.

— Faites pour le mieux, je trouverai excellent ce qui sera promptement servi.

— Cela suffit; vous serez content, citoyen... citoyen général, ajouta-t-il avec un mouvement de tête et un regard équivalens à une interrogation.

— Tel est mon grade, en effet.

— Fort bien, beaucoup d'honneur pour ma maison, et pour moi en particulier, reprit l'hôte en saluant une seconde fois; vous venez, sans doute ici pour... afin...

— J'y viens en vertu de mes ordres, répartit l'autre d'un ton qui ne permettait pas d'en demander davantage. — Citoyen Madiou, vous êtes maire de Carnac?

— Oh mon Dieu oui, répondit l'hôte, c'est-à-dire je suis censé maire, car il ne m'arrive pas souvent d'en exercer les fonctions. — Il jeta dans la salle un regard de précaution, et s'approchant de son interlocuteur, il ajouta avec mystère : — Vous sentez bien, citoyen, on a ses petites affaires qu'il ne faut pas négliger, chacun vit de son commerce, et puis, soit dit entre nous, on prend plus de mouches avec une assiette de miel qu'avec une tonne de vinaigre. Il faut ménager à propos les préjugés des paysans.

— Et leur clientelle qui favorise le débit.

— C'est la même chose; c'est tout un. L'aubergiste entendu est tolérant avant tout. Il laisse chacun dire à son aise, et partage toujours l'opinion du dernier qui reste chez lui.

Une expression sévère et chagrine se peignit sur les traits du général.

— Citoyen Madiou, comment accordez-vous cette conduite avec vos fonctions de maire? Vous avez juré de servir la république et de la faire respecter; vous savez les obligations que vous impose ce serment.

— Oui dà, oui dà, sans contredit, citoyen, reprit l'hôte qui s'aperçut alors de la faute que son désir de parler lui avait fait commettre;

on me hacherait même comme chair à pâté plutôt que de me rendre blanc, je suis bleu, Dieu merci, et bleu foncé, j'ose le dire. — Mais, général, il ne faut pas inutilement congédier toutes ses pratiques, l'aubergiste mourrait de faim; ni par un zèle malentendu mettre au vent à tout propos l'écharpe municipale, le maire pourrait y rester. — Il est plus fafacile de passer le Raz par un grain de l'équinoxe que de concilier les intérêts de l'auberge et les fonctions de la mairie.

— Je sais que la charge dont vous êtes revêtu est trop souvent funeste à celui qui ose l'exercer dans ce malheureux pays, mais c'est un titre de plus à l'estime des patriotes. Le citoyen, d'ailleurs, ne doit jamais hésiter lorsqu'il s'agit de payer sa dette à la république.

— Sans doute, c'est aussi mon avis, mais en payant celle-ci, il faut éviter d'en contracter d'autres, il faut être prudent et veiller à ses intérêts. Au surplus, que dit le général en chef dans toutes ses proclamations; modération, tolérance et liberté, je règle ma conduite là-dessus, et je ne crains pas de mal faire en suivant les avis de Hoche... Vous le connaissez, citoyen ?

Le général fit un signe affirmatif,

— C'est peut-être pour le capitaine Clément, l'autre couvert que vous m'avez commandé? Vous savez qu'il loge ici ?

— Je l'ignorais, en ce cas mettez trois couverts.

— Oui, il loge ici, et il y prend ses repas. Vous pourrez lui demander s'il est mécontent de moi sous le double rapport de la cuisine et des opinions politiques. Vous verrez ce qu'il vous dira, patience et vous verrez ça.

En ce moment une voix traînante se fit entendre à la porte, et le mendiant Gourguff que nous avons vu à Kerderf; entra sans façon dans la salle.

— La charité pour l'amour de Dieu et du grand saint Cornéli, dit-il en regardant d'un air inquiet à l'entour.

— Tu n'as pas bonne chance ce soir, le capitaine est sorti, dit l'hôte d'un ton qui exprimait suffisamment l'intention de le congédier.

Mais le mendiant n'en tint pas compte.

— Ah il est sorti, la bonne Sainte Vierge le bénisse. — Il s'arrêta d'un air irrésolu et continua après avoir observé le général en dessous. — Je vais attendre son retour.

— C'est inutile, il ne rentrera pas de la nuit.

— Ah... ah... ah... la bonne Sainte Vierge l'assiste en route.

— Surtout, père Gourguff, ne gêne pas le général, demeure tranquille dans ton coin.— Le capitaine Clément lui jette ses os à souper, et le vieux hère lui en conte de toutes les couleurs sur les femelles du pays. Il est toujours aux écoutes, toujours par voie et par chemin. Aussi il en apprend de belles. — Mais tandis que je parle ainsi le souper ne se fait pas; excusez-moi, général.

Il ouvrit des meubles, y prit différens objets et courut dans une autre pièce. Le mendiant, après avoir choisi une place commode sur l'un des bancs qui existaient de chaque côté du foyer, déposa ses béquilles auprès de lui, et tira de sa blague de cuir une petite pipe parfaitement culottée, dont l'exiguité du tuyau lui méritait le nom expressif de *brûle-gueule*. Il la chargea lentement, mouilla son pouce et le tourna sur le tabac pour le presser, choisit un morceau de bois réduit à l'état de charbon et jeta à intervalles égaux de longues bouffées de fumée qu'il faisait glisser sur ses lèvres pour en mieux savourer le goût.

Le général se promenait de long en large dans la salle sans perdre de vue le mendiant, et celui-ci, de son côté, bien que paraissant absorbé par les délices de sa pipe, ne laissait pas d'observer le général. Donnant à sa figure une expression singulière, quand il rencontrait le regard de ce dernier. Enfin le premier s'arrêta devant Gourguff et s'asseyant sur le banc placé en face de celui qu'il occupait.

— Tu voulais parler au capitaine Clément, dit-il?

—Oui, mon bon monsieur, répondit Gourguff en souriant du coin des lèvres.

— Le capitaine Clément t'emploie?

— Le capitaine a pitié de ma misère, le grand saint Cornéli lui accorde joie et santé.

— Mais tu causes avec lui, tu lui racontes ce que tu apprends dans tes courses.

Le mendiant ne répondit pas et fit ce mouvement d'épaules que l'on nomme le tour des gueux. Le général remarquant qu'il n'avait plus depuis le commencement de cet entretien, la même régularité dans sa manière de fumer, et qu'il lâchait de fortes bouffées à intervalles inégaux, chose qui dénotait une grande excitation morale. Le général ne douta pas que ses soupçons ne fussent vrais.

— Le capitaine Clément agit par mes ordres, je connais la nature de tes relations avec lui. — Qu'as-tu à nous dire ce soir ?

— Mon bon monsieur, pas grand chose.

— Parle sans crainte, que venais-tu annoncer au capitaine ?

Le mendiant jeta un coup d'œil dans tous les coins de la salle et s'avança mystérieusement devant son interlocuteur, mais ses lèvres seules remuèrent sans qu'il prononça une parole.

Ce manége augmenta encore l'impatience du général.

— Eh bien, je suis prêt à écouter ton rapport. Qu'attends-tu pour commencer ?

— Le capitaine, Dieu l'assiste, s'amuse des contes que je lui fais, mais on n'a pas le bonheur de plaire également à tous, d'ailleurs je n'ai rien appris qui mérite grande attention, sinon que Josse de Kerbrairg va tous les soirs visiter la femme de Morziou le bossu. Si vous voulez, je vous expliquerai comment.

— Prends ceci, dit le général en lui donnant un assignat ; et viens au fait sans abuser plus long-temps de ma patience.

Le mendiant prit l'assignat par un bout et le secoua dédaigneusement, puis le rendant à son interlocuteur.

— Combien cela vaut-il ?

— Deux cents francs.

—C'est bien possible, mais je ne sais pas lire. Je ne fais pas de différence entre cela et tout chiffon de papier, et je suis trop pauvre, monsieur, pour allumer ma pipe avec une aussi forte somme.

Le général atteignit une bourse d'où il tira deux pièces de cent sous.

— Si ton rapport le mérite, cette récompense sera doublée.

Gourguff saisit l'argent et le cacha avec une rare promptitude dans la doublure de sa veste.

— A présent, dit-il, avec un rire en dessous, je sais ce que vous voulez dire, le son des pièces est plus clair que la parole. — J'ai appris à Kerderf qu'une barque royaliste, depuis long-temps attendue, a mouillé au Po ce soir.

Le général tressaillit.

— Déjà, s'écria-t-il, cette expédition arriverait-elle sitôt... et je suis seul, rien n'est préparé... Que l'enfer maudisse les traîtres.

Il se leva et parcourut la chambre à pas précipités, mordant son poing avec force. Il s'arrêta devant Gourguff, fixant sur lui un regard perçant qui le fouilla jusqu'à l'âme.

— Tu me garantis sur ta tête la vérité de ce rapport?

— Oui, mon général, j'ai vu la barque de mes yeux ; et monsieur de Kerderf a dit qu'il ne fallait pas ébruiter son arrivée de peur de faire prendre les autres. — Ah... ce n'est donc que l'avant-garde, murmura le général.

Il jeta selon sa promesse deux nouvelles pièces au mendiant, et s'assit les bras croisés à la place qu'il occupait auparavant, aussi tranquille en apparence que s'il n'avait rien eu appris.

VI.

Un tumulte inaccoutumé existait ce soir-là dans le bourg de Carnac. L'heure ordinaire du couvre-feu était sonnée, mais au lieu de fermer les portes et de gagner paisiblement leurs lits pour se préparer aux travaux du lendemain, les habitans couraient d'une maison à l'autre, montrant cette agitation, cette unanimtié de paroles et de mouvemens qu'on remarque d'ordinaire dans une petite localité, lorsqu'il s'y passe quelque chose d'un intérêt général. Ce tumulte était causé par l'arrivée du chevalier Tinténiac qui se tenait avec un individu dont les vêtemens de paysan trahissaient l'extérieur d'un prêtre, à la grande porte de l'église, donnant à un groupe d'hommes réunis autour d'eux, des instructions sur le débarquement qui devait s'effectuer cette nuit.

Parmi les individus composant ce rassemblement, il y en avait plusieurs portant l'uniforme des compagnies de chouans organisés avec l'autorisation du gouvernement après la prétendue pacification de la Mabilaye, sous le nom de Garde Territoriale. Cet uniforme était formé d'un habit et d'un pantalon verts, avec un gilet rouge et un équipement complet. D'autres avaient seulement des rubans blancs et des cocardes à leurs chapeaux.

—Vous m'avez bien entendu, dit Tinténiac, courez aussitôt convoquer les hommes pour les avoir tous réunis à minuit. Que les ouvriers de paroisses se mettent immédiatement en route, afin que la distribution puisse se faire aux bourgs éloignés.

Le compagnon de Tinténiac ayant fait un signe de la main, les paysans se découvrirent, et reçurent dans un profond recueillement la bénédiction du recteur. Après quoi ils se séparèrent sans bruit, plus forts intérieurement et plus confians dans une cause, pour le succès de laquelle, le ministre des autels intercédait auprès de Dieu.

Restés seuls, le recteur et Tinténiac demeurèrent quelques instans silencieux.

—Vous savez qu'un détachement de cavalerie républicaine nous est arrivé ce soir ?

—Est-il nombreux ? Pensez-vous, monsieur le recteur, qu'on soupçonne notre arrivée ?

— Je ne le crois pas. Ces chasseurs sont vingt-cinq seulement, ils accompagnent sans doute un général en tournée.

— Il est bien imprudent de s'aventurer jusqu'ici avec une aussi faible escorte. —Monsieur le recteur, si nous le faisions prisonnier ?

— Il n'est pas probable qu'il se rende sans coup férir, nous devons avant tout, songer au débarquement.

— Vous avez raison, mais rien n'empêche qu'on ne s'occupe des deux affaires. — Des armes, des chevaux et un ôtage important ne sont pas à dédaigner.

— Qui trop embrasse ....

— Comptez sur ma prudence, je ne harsarderai rien. — Voulez-vous m'accompagner à l'auberge, nous le verrions en soupant.

— Allez-y seul, je reste ici.

— Qui vous retient : vous savez que l'auberge a été choisie pour le rendez-vous des chefs. Vous pourrez m'aider s'il survient une difficulté. — Dailleurs, un bon repas vous disposerait merveilleusement à l'expédition de cette nuit.

— Je n'en ai pas besoin, je suis toujours prêt à marcher quand la voix de l'église m'appelle. Bonsoir, monsieur Tinténiac.

Le royaliste ne jugea pas à propos d'insister plus long-tems, il salua et se retira; mais après avoir marché pendant quelques instans la curiosité le prit de savoir ce qui retenait le prêtre, il retourna doucement sur ses pas et l'aperçut agenouillé sur les marches de cette église, dans laquelle il célébrait autrefois les saints mystères du grand culte. Tinténiac vivement touché de cette piété véritable fut sur le point d'aller exprimer au recteur les sentimens qu'il ressentait, mais la crainte de lui déplaire l'en empêcha, et ôtant son chapeau, comme si l'autre l'avait vu, il quitta ce lieu désert, remontant vers le cœur du bourg à qui l'église tourne le dos.

Tinténiac reconnut, entre toutes les maisons du bourg, l'auberge de Réné Madiou, à l'odeur de friture qui sortait de la porte ouverte accompagnée d'une lueur vive, chatoyant sur les murs voisins. Ces émanations culinaires aiguisèrent son appétit, et sans songer si ce souper était préparé pour lui, il entra dans la salle en se promettant bien d'y faire largement honneur.

Son arrivée produisit une assez vive sensation parmi les personnes qui se trouvaient chez

Madiou. Celui-ci informé de la présence à Carnac, d'un commissaire royaliste, ne douta pas que ce fut lui, et il l'accueillit chapeau bas en regardant de côté un groupe de paysans qui causaient au bout de la table, comme pour les prendre à témoin du respect qu'il rendait à l'un des chefs de leur parti.

Le général qui s'entretenait à voix basse avec l'officier de chasseurs, cessa de parler en apercevant Tinténiac, et après l'avoir rapidement examiné, il tomba dans une profonde réflexion, cherchant une corrélation entre cet individu et la nouvelle qui lui avait été donnée.

Pendant ce temps, Tinténiac causait avec l'aubergiste, relativement au souper, car sur la demande du premier d'être servi aussitôt, maître Madiou lui répondit que les mêts qu'il apprêtait étaient destinés au général, et qu'il ne pouvait rien distraire sans sa permission, d'un souper préparé sous ses yeux, mais que désirant satisfaire toutes ses pratiques et particulièrement un personnage tel que lui, il se faisait fort d'obtenir de son hôte, qu'il lui cédât une partie des choses qui lui étaient destinées. Tinténiac répondit que cet arrangement lui conviendrait pourvu qne l'hôte parlât en son propre nom, ne voulant contracter aucune obligation envers le général et qu'au surplus si celui-ci se montrait trop exigeant il savait un moyen de le mettre à la raison. Ces derniers mots qui avaient toute l'apparence d'une menace augmentèrent encore le désir que ressentait le maire-aubergiste de donner prompte satisfaction à l'émissaire royaliste, sans blesser la susceptibilité du général républicain. Deux personnages également recommandables à ses yeux et entre lesquels il voulait maintenir la paix aussi long-temps qu'ils demeureraient dans sa maison, à cause du danger qu'il courrait en prenant fait pour l'un ou l'autre, le cas échéant d'une rupture, car sa position au sein d'un pays royaliste, ne lui permettait pas, sans courir risque de la vie, de se déclarer ouvertement patriote, et sa qualité de magistrat républicain, l'exposait indubitablement, s'il appuyait les royalistes, à la juste vengeance des troupes. En conséquence de cette fausse position où se trouvent toujours ceux qui, dans les temps critiques, n'ont pas le cœur assez large, l'âme assez fortement trempée pour adopter une opinion, y dévouer leurs biens et leur vie, et qui spéculant sur le désintéressement des autres veulent honteusement louvoyer entre les partis pour accaparer de toutes mains ; en conséquence disons-nous de cette fausse position résultat d'une conduite lâche ou intéressée, maître Réné Madiou s'approcha du général et lui dit mystérieusement :

— Voilà un citoyen qui m'arrive au moment où j'y pensais le moins...

— N'est-ce pas un chouan? le connaissez-vous? interronpit le général.

Cette question embarrassa l'hôte. — Je n'oserais pas affirmer que son patriotisme est aussi pur que le mien, mais je ne crois pas non plus qu'il soit ce que vous pensez. — Général, avez-vous une forte escorte? ajouta-t-il d'un ton inquiet.

— Pourquoi cela ?

— C'est que j'ai remarqué du mouvement ce soir dans le bourg, et si vous n'étiez pas fortement accompagné, les chouans pourraient profiter de l'absence du capitaine pour vous faire un mauvais parti.

Le général regarda attentivement son interlocuteur, cherchant à deviner l'intention de ses paroles.

— Qui vous porte à le croire ?—Est-ce une crainte ou une présomption ?

—J'ai tout lieu de penser qu'il se manigance quelque chose, la figure de nos chouans le dit.—Mon général, croyez-en mon expérience et mes conseils, si j'étais à votre place, je quitterais aussitôt le bourg... après souper bien entendu.

—Merci de l'intention qui vous dicte ces avis, mais en admettant la justesse de vos prévisions, je n'en tire pas la même conséquence que vous. Si les chouans ont dessein de tenter un mouvement, c'est un motif pour moi de demeurer ici.

— Mon général, reprit l'hôte en calculant

d'avance tous les embarras dont cette obstination allait le charger; pensez donc qu'ils peuvent réunir mille hommes en moins de temps que vous n'en mettrez à découper ce poulet.

—Citoyen Madiou, répartit le général d'un ton absolu, je sais ce que je dois faire, renfermez-vous dans vos fonctions.

— Au moins j'ai la conscience nette, j'ai rempli mon devoir de maire et de citoyen, arrive qui plante, je me lave les mains de tout.

— Mon général, il me reste à vous demander une faveur pour la prospérité de mes petits intérêts.

— Parlez, citoyen Madiou.

— J'ai préparé deux fois plus de plats qu'il n'en faut pour un souper raisonnable, mon général, un nouvel hôte m'arrive, je voudrais le satisfaire sans vous causer...

— A cet égard, vous êtes entièrement maître, faites au mieux pour vous et pour nous.

— Citoyen aubergiste, dit l'officier de chasseurs dont ces derniers mots avaient attiré l'attention; je te prie de ne pas détourner illégalement de sa destination primitive, cette volaille qui rôtit d'une manière si remarquable, ni ce ragoût dont le fumet séducteur ferait rompre le jeûne du plus fieffé calotin.

— Il sera fait selon vos ordres, dit l'hôte en se retirant pour aller rendre compte à Tinténiac du résultat de sa mission. Celui-ci n'accueillit pas cette nouvelle avec autant de plaisir qu'elle lui en aurait causé quelques instans auparavant, car l'appétit colossal qui le dominait à son entrée dans l'auberge avait été absorbé par l'exercice de fonctions plus relevées : il méditait un plan pour s'emparer du général, dont la capture lui paraissait d'autant plus intéressante à son parti, qu'elle présentait de moins grandes difficultés.

Après avoir fait quelques tours dans la salle comme un voyageur désœuvré qui porte son attention sur les plus petits objets, et prend connaissance du gîte qu'il a choisi pour la nuit, Tinténiac vint s'asseoir devant le général, à la place occupée antérieurement par Gourguff, en tirant de sa poche un étui de chagrin richement brodé qui renfermait plusieurs cigarres, il l'offrit à ses commensaux avec une politesse aisée ; cette élégance de manières qui distinguaient les royalistes. Le général fit un salut et n'accepta pas son offre, mais le chasseur se saisit de l'étui avec empressement, et après avoir examiné attentivement tous les cigarres, il en prit un dont la mine jaune lui paraissait la plus avenante, et après l'avoir allumé et dégusté en gourmet, il demanda la permission de s'en munir d'un second, se fondant sur ce qu'il n'avait fumé de sa vie des cigarres aussi délicieux.

Tinténiac lui répondit avec une légère ironie, qu'il était trop heureux de pouvoir lui être agréable, et que du moment que ces cigarres lui plaisaient, il se faisait un vrai plaisir de les lui offrir avec l'étui qui les contenait: proposition que le chasseur n'eût pas manqué d'accepter si le général lui en eût laissé le temps.

— Ces cigarres ont un parfum plus délicat que celui du tabac français, c'est sans doute à l'étranger que vous les avez achetées?

— En Angleterre; ils fesaient partie d'un envoi adressé au roi Georges par les planteurs de la Havane.

— Vous êtes Anglais?

— Je suis Français.

— Vous arrivez d'Angleterre?

— J'en arrive, en effet.

— Alors, reprit le général en souriant, vous aurez entendu parler de l'expédition qu'on y prépare contre la France?

Tinténiac ne fut pas maître de réprimer un mouvement de surprise en voyant son adversaire informé d'une expédition qu'on avait tenue secrète.

— Non pas contre la France, mais bien...

— Je vous comprends, monsieur, dit le général en l'interrompant; par égard pour vous et pour moi, ne dites rien que je ne puisse entendre. Si vous voulez que nous continuions cette conversation, nous parlerons en généralités.

— J'y consens, dit Tinténiac, de braves

gens n'aiment guère à s'attaquer à coups de langues lorsqu'ils peuvent le faire autrement.

— Je pense absolument comme vous. Mais ne dois-je pas considérer ces paroles comme...

— Elles auront la valeur que vous voudrez y attacher. Cependant je vous déclare que je n'ai pas voulu sortir des généralités.

— A la bonne heure. — Cette expédition est sans doute importante?

— Très importante. — On m'a parlé d'une flotte considérable.

— On ne vous a pas trompé.

— D'une armée nombreuse d'émigrés.

— C'est encore vrai.

— Et de malheureux recrutés dans les prisons.

Tinténiac fit un mouvement.

— Sur ce point vous êtes mieux informé que moi.

— Et peut-être sur beaucoup d'autres parmi ceux qui vous concernent.

— Cela peut encore être vrai. — Mais de mon côté, je crois avoir, sur la politique de votre gouvernement, beaucoup de détails que vous ignorez sans doute.

— Si vous voulez en faire l'essai.

— Par exemple, savez-vous... Mais à la réflexion, ce serait impolitique, permettez-moi de me taire.

— Alors vous me permettrez de croire que vous n'êtes informé de rien.

— Vous êtes pressant, général; n'importe, je ne parlerai pas. C'est folie de crier au feu lorsqu'un l'incendie se déclare dans la maison d'un ennemi.

— Cela n'est pas généreux.

— Vous savez que nous sommes en guerre.

— Ainsi, reprit le général sérieusement, vous êtes un émigré rentré pour fomenter la guerre civile ?

— Vous oubliez nos conventions ; ce propos, ou je me trompe fort, sort des généralités.

— Pardon, je me suis oublié. — Je vous trouve bien hardi ou bien imprudent, monsieur.

— Comment cela?

— De déclarer à un général républicain votre qualité d'émigré et vos projets... Je respecte notre accord.

— Je suis moins imprudent que vous ne le pensez, vous l'êtes plus que je n'oserais l'être.

— C'est mon tour de vous demander l'explication de cette figure.

— Votre réponse m'en servira. Pourquoi suis-je imprudent de vous parler comme je l'ai fait?

— Parce que mon devoir me commande impérieusement d'arrêter tout ennemi de la république.

—Je le sais; mais, général, si vous n'étiez pas en position de le faire.

—Le pensez-vous?

—Si je vous disais à mon tour que mon devoir est d'arrêter tout ennemi de la royauté.

Le général se redressa et fit un demi sourire.

—Et que celui des deux qui est le plus imprudent, n'est pas le royaliste disant sa qualité au général républicain, mais ce dernier d'être venu à Carnac avec une aussi faible escorte.

— Ceci, je crois, sort des généralités, répartit le militaire, sans déceler la plus légère inquiétude. — Savez-vous ce que je pense?

— Je n'oserais trop vous le dire, répliqua Tinténiac, admirant intérieurement la tranquillité de son interlocuteur.

— C'est que vous vous garderez bien de faire aucun mouvement ce soir.

— Pourquoi cela?

— Parce que vous avez tout intérêt à détourner l'attention.

— Comment? dit le royaliste, que ce début intriguait.

— J'en ai dit assez pour être compris, monsieur.

— D'honneur, je ne sais où vous voulez en venir.

— Vous êtes arrivé aujourd'hui.

Tinténiac ne répondit pas et déguisa de son mieux l'étonnement qu'il éprouvait, mais l'oeil perçant du général ne laissait rien échapper.

—Vous êtes arrivé aujourd'hui à bord d'un navire qui se trouve actuellement au Po, si vous bougez, il sera pris.

Tinténiac se leva brusquement et fit plusieurs tours dans la salle, sans chercher à se contraindre. C'est qu'en effet, le sentiment qui l'agitait n'était pas de nature à être célé facilement. Il venait d'acquérir la preuve terrible qu'il avait un traître dans son parti, un traître dans une cause sainte à laquelle il s'était dévoué avec loyauté et ferveur. Cette pensée était accablante ; plus il se sentait d'enthousiasme, plus il lui paraissait horrible de voir la bassesse et la trahison, marcher à ses côtés, recevoir peut-être ses épanchemens et son affection tandis que ses soupçons tomberaient injustement sur ceux qui ne les méritaient pas.

—Monsieur, vous venez de m'apprendre une chose cruelle ; de grâce, nommez-moi le traître qui m'a serré la main ce soir...

Le général réfléchit :

— Vous n'avez pas songé sûrement à la portée de cette demande; en y satisfaisant je trahirais la république. — Rappelez-vous d'ailleurs ce que vous m'avez dit : nous sommes en guerre... c'est folie de crier au feu lorsque l'incendie se déclare dans la maison d'un ennemi.

— C'est juste, général; soyons donc en guerre. — Tu ne m'échapperas pas, murmura-t-il entre ses dents.

En disant ces mots il salua avec courtoisie et quitta la salle en chantonnant un refrain.

— Il chante... c'est un signe assuré qu'il a des projets en tête. — Capitaine! nous aurons ce soir maille à partir avec les chouans ; allez rassembler vos hommes et amenez-les immédiatement sur la place. Surtout la plus grande prudence, empêchez toute provocation, quoi qu'il arrive, attendez mes ordres pour agir.

Le chasseur alluma son second cigarre et rajusta son ceinturon en donnant à la volaille le plus touchant regard d'adieu; mais ce regret muet fut le seul qu'il se permit d'exprimer, et il se hâta de sortir.

Les individus qui se trouvaient, dáns l'auberge n'ayant pas entendu le dialogue qui avait précédé ce double départ, n'y donnèrent aucune attention, aussi la tranquillité ne fut pas un moment troublée. Le général calculait froidement le danger de sa position et les moyens d'en sortir, lorsqu'il vit entrer Gourguff qui se traînait silencieusement sur ses béquilles, remuant ses lèvres, avec deux fois plus de vitesse qu'à l'ordinaire. Un coup d'œil échangé avec le mendiant lui apprit qu'il allait en recevoir de nouvelles communications, et pour favoriser le désir qu'il paraissait avoir de n'être pas aperçu, le général se leva et se plaça devant la cheminée tandis que Gourguff se glissait au fond du foyer.

— Mon général, dit-il, quand l'autre eut repris sa place, l'infirme qui ne peut semer est réduit à attendre que la moisson soit finie pour glaner quelques épis. Le champ du seigneur a été fertile pour moi. Le mendiant vient de gagner le pain qu'il mangera cet hiver.

— Qu'as-tu appris ?

— Une nouvelle qui vous intéresse encore plus que la première.

— Voyons.

— La bonne sainte Anne et le grand saint Cornéli me retireraient leur protection si je ne fesais pas un bon usage de leurs faveurs. — Vous me donnerez dix écus, non général ou je ne parlerai pas.

— Les voici, mais dépêche-toi

— Le bon Dieu vous bénisse de votre libéralité. C'est plaisir de faire affaire avec vous ; une main ouverte et un grand cœur marchent toujours de compagnie.

— Eh bien ?

— Vous saurez donc que le navire va mettre à terre cette nuit des armes et de la poudre. Tous les chouans du pays se rendront au débarquement.

— Combien penses-tu qu'ils soient ?

— J'estime qu'ils seront bien mille hommes.

Connais-tu l'individu qui était ce soir à l'auberge ?

— Qui ? Tinténiac, c'est un chef qui est venu dans le navire avec monsieur Louis, le fils du seigneur de Kerderf.

— Est-ce là tout ? dit le général, n'osant pas interroger Gourguff sur les desseins que les chouans pouvaient avoir contre lui.

— Eh bien ! ce n'est pas assez ! mon général ? en conscience, vous en avez pour votre argent.

— Je conviens que tu ne m'as pas trompé.

— Veux-tu continuer à observer tout ce qui se passera, et venir m'en rendre compte ?

— Nenni point, je ne veux pas abuser de la protection du bon Dieu, j'ai gagné avec vous plus que ne me rapporteraient les charités d'une année; si je continuais le jeu, je pourrais perdre mon argent et la forme de mon chapeau. C'est trop risquer dans une partie.

— N'es-tu pas exercé ? ne possèdes-tu pas toute la confiance de ces gens ! qui peut se défier de toi ?

— Grâce au bon saint Cornéli, j'ai l'oreille

fine et le nez sûr, mais il n'y a si vieux renard qui ne finisse par être pris, ni si bon chat qui ne soit soupçonné d'être voleur.— Vous m'offririez mon plein bissac d'écus neufs que je ne bougerais pas d'ici. — C'est bien assez de trembler que l'on ne m'ait vu sortir.

Lorsqu'il finissait, l'auberge fut envahie par une dixaine de paysans à la tête desquels le général aperçut l'individu à qui il avait parlé en arrivant à Carnac, il lui fut facile de juger à leurs regards qu'ils avaient de mauvais desseins contre lui, et remarquant que plusieurs d'entr'eux portaient des pistolets et d'énormes bâtons, il ne douta pas qu'ils n'eussent l'intention de s'emparer de sa personne, comme le royaliste avait semblé l'en menacer.

— Bonsoir, mes anciens, dit l'hôte, dont l'inquiétude était visible; quelle marée vous amène si tard?

Les paysans debout dans la salle se regardaient avec hésitation; la contenance calme et fière du général leur en imposait, et chacun se reposait sur son voisin, du soin de donner le signal.

— Voulez-vous du cidre? reprit Madiou, j'en ai de vaillant que j'ai acheté ce matin.

— Oui, donne du cidre, répondit le premier paysan.

Et s'avançant de quelques pas avec toutes les manières d'un crâne. — J'espère que le général nous fera l'honneur de trinquer.

Celui à qui s'adressait cette invitation insolente, par le ton dont elle était faite, demeura aussi tranquille que s'il n'avait rien entendu. Ce silence doubla l'audace du paysan qui l'attribua à la crainte, il prit un verre de cidre et l'offrant au général :

— Nous allons boire un coup, voulez-vous trinquer avec nous?

— Otez le ruban blanc qui est à votre chapeau, après cela je verrai.

— Oui-dà, ôter ma cocarde, s'écria le paysan, et il chanta d'un air goguenard.

Et va-t-en voir s'ils viennent, Jean,
Et va-t-en voir s'ils viennent,

— Bihan, s'écria un autre, demande-lui donc, au bleu, s'il veut ôter sa cocarde.

—Et s'il ne le veut pas, ajouta un troisième, je m'en chargerai pour lui.

— Un pot de cidre au premier qui y met la main.

Les paysans ainsi excités entourèrent le général ; l'influence morale qu'il exerçait sur eux les tint néanmoins en respect, ils se contentèrent de le serrer de près, sans oser encore exécuter leurs menaces. Celui-ci, impassible au milieu d'eux, était adossé à la cheminée, une main appuyée sur la poignée de son sabre.

—Citoyen Madiou, dit-il, au nom de la loi, je vous requiers de sommer ces hommes de se retirer immédiatement en enlevant ces insignes de rébellion, faute de quoi vous dresserez procès-verbal et procéderez sans délai à leur arrestation. — Vous ne m'avez pas entendu, ajouta le général d'un ton menaçant ; êtes-vous traître à la république ? êtes-vous le plus coupable ici ?

— C'est un jeu, un badinage qu'ils veulent faire, n'ayez pas peur, mon général. —Allons vous autres, partez et que ce soit fini ; la plaisanterie est trop longue puisqu'elle ennuie le citoyen. — J'entends que les voyageurs qui descendent dans ma maison n'aient pas de reproches à me faire.

Les paysans se mirent à rire.

—Par le ciel! est-ce ainsi que doit s'exprimer un magistrat républicain! Citoyen Madiou, revêtez-vous de votre écharpe et exécutez mes ordres, ou je vous déclare traître à la nation.

Les paysans frappés de l'énergie de commandement qui régnait dans ces paroles se reculèrent avec respect, et ils eussent peut-être obéi à la sommation que le maire se préparait à leur faire, quand de nouveaux chouans arrivèrent du dehors. Parmi ceux-ci, il y en avait plusieurs portant l'uniforme dont nous avons parlé, qui se distinguaient par leur tournure militaire, les chefs ayant choisi pour former ces compagnies, leurs soldats les plus braves et les plus aguerris. Ces derniers avaient sans doute commission expresse de s'emparer du général, car ils passèrent devant les autres et se rangèrent autour de lui. Ceux qui étaient derrière parlaient tous ensemble avec vivacité en frappant leurs bâtons par terre, en gesticulant avec leurs pistolets, et quoiqu'ils s'exprimassent en breton, le général en comprit assez pour ne pas douter qu'ils en voulaient à sa vie. Sa position au milieu de ces hommes grossiers que nul frein ne retenait était réellement critique. Leur nombre ne lui permettait pas d'essayer une résistance raisonnable, et dans l'absence d'un chef qui leur imposât ses ordres, il était plus que probable que ces chouans, tous animés d'une haine profonde contre les bleus, ne manqueraient pas une occasion si facile de satisfaire leur vengeance en l'immolant aux mânes des leurs tombés sous le fer de la république. Malgré ces réflexions, le général, doué d'une bravoure et d'un sang-froid à toute épreuve, ne montra pas la plus légère inquiétude, et son regard parcourait tranquillement ce groupe, comme si les menaces qui en sortaient ne l'eussent aucunement concerné. Néanmoins, autant pour sa sûreté que pour l'honneur de son grade, il souffrait de se trouver ainsi au milieu de pareils ennemis, et maudissait la lenteur du capitaine à lui amener ses chasseurs.

Unc vive discussion venait de s'élever entre plusieurs paysans et des chasseurs chouans, le général comprit, ce qui n'était pas de nature à le rassurer beaucoup, qu'elle provenait de ce que les paysans voulaient en finir avec lui et et les chasseurs exécuter simplement les ordres qu'il avaient reçus. L'un des paysans qui était le plus annimé, tenait un pistolet dont il manifestait l'intention de se servir, l'un des soldats chouans voulut le désarmer, et dans la lutte qui s'en suivit, soit que le paysan en eut ou non le dessein, le coup partit et la balle atteignit le mur, à six pouces au-dessus de la tête du général. Un instant après, Tinténiac, averti sans doute par cette détonation, entra précipitamment. Son premier regard fut pour le général, mais le voyant calme et indifférent, il ne se douta pas du danger qu'il avait couru, et lui adressa la parole d'un ton qu'il n'eut pas pris indubitablement s'il avait connu l'attentat dont ce dernier avait failli être la victime.

— Eh bien, général, lequel des deux s'est montré le plus imprudent du royaliste ou du républicain ?

— C'est une question que l'événement décidera.

— C'est une question décidée en ma faveur.

— Pas encore, monsieur; la partie est avancée, mais je ne la tiens pas perdue.

— D'honneur, vous possédez une rare assurance, général.

— Et vous, monsieur, une singulière présomption.

— Mais ne voyez-vous pas par qui vous êtes entouré ?

Le général prêta l'oreille, un éclair de contentement passa rapidement sur sa physionomie, il promena un œil tranquille sur les chouans groupés autour de lui, et reprit avec lenteur à dessein de gagner du temps.

— Je vois des hommes égarés par de perfides conseils, des esclaves affranchis qui regrettent leurs fers, de malheureux insurgés...

—Mais ces hommes sont vos ennemis et vous êtes en leur pouvoir, interrompit Tinténiac; général, vous êtes mon prisonnier.

—Voyez, monsieur, combien vous êtes imprudent, repartit le général.

D'un geste il commanda le silence, et l'on entendit une fanfare, puis presque aussitôt des chevaux au galop arrivèrent sur la place et se rangèrent devant l'auberge.

— Eh bien, monsieur, est-ce mon tour de vous demander lequel est le plus imprudent?

— Pensez-vous que ces vingt-cinq chevaux soient une force bien formidable?

— Non, mais ces soldats ne sont pas habitués à fuir au premier coup de feu, et le temps que vous emploieriez à les combattre serait perdu pour votre principale affaire.

— Je ne vous comprends pas, dit Tinténiac avec surprise.

— Votre conduite le prouve. Vous avez le courage, mais non la prudence nécessaire à votre mission.

Tinténiac répartit avec hauteur et ironie.

— Eh qui êtes-vous, monsieur, pour vous permettre ce jugement? La république a grand nombre de généraux ; un avis ne peut profiter que lorsqu'on en connait la source.

—Oh! je ne suis pas noble, je n'ai pas comme vous l'avantage d'être né dans une caste privilégiée. Je ne dois rien qu'à moi seul ; c'est un honneur que je n'échangerais pas contre une illustre origine. — En 89, j'étais caporal dans le régiment des Gardes Françaises. Aujourd'hui je suis général en chef de l'armée des côtes de Brest.

—Lazare Hoche, dit Tinténiac en s'inclinant.

Tous les paysans manifestèrent à ce nom, ce sentiment de surprise accompagné de respect qu'éveille toujours un personnage imminent, par son rang ou ses qualités ; l'étonnement qu'on avait éprouvé en reconnaissant le jeune général qui s'était acquis une si haute réputation par ses talens et sa modération, n'était pas encore dissipé, quand le recteur parut dans l'auberge, il s'approcha de Tinténiac d'un air de mécontentement.

— Nos hommes sont au rendez-vous, dit-il à voix basse, ils commencent déjà à murmurer de votre absence, je viens vous chercher pour aller les trouver.

— Excusez-moi de ce retard; j'aurais voulu exécuter le projet dont je vous avais parlé, la prise de Lazare Hoche, rendrait dans ce moment un grand service à notre cause.

— Quoi! ce militaire est le général en chef?

— Lui même, monsieur le recteur.

— N'importe, dit le prêtre, après avoir réfléchi un moment, bien que je sente toute l'importance de cette capture, je crois qu'il n'y faut pas songer, ses cavaliers sont à la porte, et mes espions m'ont rapporté que le capitaine Clément est à peu de distance du bourg, j'ai appris aussi qu'un corps de troupe assez nombreux, est aux environs de Kerderf, vous sentez qu'ainsi entourés, nous devons songer avant tout à notre débarquement.

— Vous avez raison répondit Tinténiac, il est urgent d'armer nos hommes. — Général, je vous présente le bonsoir, j'espère avoir l'honneur de vous revoir bientôt.

— Trop tôt pour vous, Monsieur, si vous persévérez dans vos coupables projets.

— Général, vous avez le droit de nous combattre, mais non celui de nous juger.

— Tout citoyen a le droit de combattre et de juger les hommes qui lèvent dans leur patrie l'étendard de la guerre civile. — Vous avez le tort de regarder la France comme la chose d'un roi; or, les peuples n'ont pas été faits pour les rois, mais les rois pour les peuples. — Aussi long-temps que la nation française a voulu la monarchie, tout homme qui protestait contre elle, fesait un acte coupable; maintenant au contraire que la monarchie a été jugée incompatible avec le bonheur de la France, que la volonté nationale s'est donné librement une autre constitution, les intérêts ou les sympathies isolées doivent se taire devant le vœu de la majorité; telle est ma confiance dans l'élection populaire, mon respect en ses décrets, que si le suffrage libre de la nation, appelait sur le trône de France, le prince qui est à Vérone; j'irais lui offrir mon épée, et je lui dévouerais ma vie, dans la conviction entière que l'élu du peuple est l'élu de Dieu.

— Eh bien, général, s'écria le recteur avec enthousiasme, nous servirons un jour sous la même bannière, l'antique oriflamme de Saint-Denis nous ralliera tous à la voix de nos rois, les larmes de la France détourneront enfin la colère céleste, le temps du pardon n'est pas loin, alors vous verrez les français demander au seigneur son arche d'alliance, et crier *Hosanna* pour le descendant de Saint-Louis.

— Comme vous, général, nous avons foi dans le suffrage populaire, reprit Tinténiac, mais nous ne voulons pas le solliciter en proscrits, lorsque le temps sera venu, nous convoquerons aussi les états-généraux, et l'on verra si l'héritier légitime ne vainquera pas l'usurpation; mais je le répète, nous devons mériter ce triomphe, l'acheter par un succès. — En avant! mes amis. — Vive le roi! mort aux bleus, crièrent les paysans en se précipitant sur les pas de Tinténiac et du recteur.

VII.

Aussitôt après le départ des chouans, le général fit appeler l'officier de chasseurs, et commanda à l'aubergiste de leur servir le souper, mais les incidens qui avaient eu lieu dans cette soirée, avaient trop fortement ému maître Madiou, pour que sa cuisine n'en ressentit pas les effets, la volaille dont l'officier de chasseurs avait suivi les transformations diverses avec une si tendre sollicitude, était entièrement brûlée, le ragoût était consommé, la friture desséchée; en un mot, ce souper sur lequel l'aubergiste avait compté pour donner au général une haute idée de ses talens culinaires, ne formait plus qu'un misérable repas, tout au plus présentable à des estomacs affamés, mais comme ceux à qui il était destiné se trouvaient précisément dans ce cas, il n'en fut pas moins attaqué avec assez de vigueur.

Peu de minutes après leur entrée à table, un bruit de pas ressemblant à la marche régulière d'une troupe militaire, se fit entendre dehors; l'officier pâlit, et redoutant qu'un nouvel empêchement ne se jetât à la traverse d'un repas si longuement attendu et avec tant d'impatience, il entassa morceaux sur morceaux, pour se faire un fonds de réserve à tout événement; cette précaution fut heureuse, car la troupe un instant après s'arrêta devant la maison, et le sergent Colin entra dans la salle.

— Citoyen Madiou, va prévenir le capitaine Clément. — Tiens, le général Hoche! — Mon général! dit-il, en portant la main à son chapeau, avec l'apparence du plus grand respect.

— Bonjour, sergent Colin, répondit le général avec un sourire bienveillant, quelle affaire t'amène ici?

— Des suspects que j'apporte au capitaine Clément.

— Des suspects! que signifie ce mot? veux-tu rappeler un régime qui est en partie cause des désordres que nous réprimons.

— Le sergent fit entendre son sifflement prolongé.

— Allons, on sait que penser, citoyen général, tu n'es pas un thermidorien, l'armée honore ton civisme...

— Au fait, quels sont ces gens que tu qualifies de suspects?

— Des oiseaux de nuit que j'ai ramassés

lorsqu'ils sortaient de leur trou, à l'heure où les honnêtes gens sont couchés sur leur paillasse... et de plus des ci-devant.

— Sont-ils là ?

— A la porte.

— Fais-les entrer, dit le général en se levant de table, l'officier fut contraint de l'imiter, mais il avait si immodérément empli sa bouche, en prévoyant la conséquence de ce dialogue, qu'il eut encore la satisfaction de manger plusieurs minutes après s'être levé.

Le sergent ayant ordonné d'avancer, on vit entrer les fugitifs de Kerderf, conduits par cette même patrouille qui avait trouvé son accueil si hospitalier, sous le toit du vieux seigneur.

Le général à leur aspect ne fut pas maître de retenir un mouvement de surprise, et craignant que le sergent n'eut commis par excès de zèle, un de ces actes arbitraires si communs dans les guerres civiles, il voulut racheter par les égards et la politesse, ce que la conduite des siens avait pu avoir de grossier et de vexatoire.

— Citoyens, dit-il, veuillez vous asseoir; citoyenne, approchez-vous du feu; la nu itest froide. — Canonniers reculez-vous.

Cet accueil dissipa en grande partie, les inquiétudes de la malheureuse famille, le vieillard reprit ses couleurs, et il jeta un regard d'espoir et d'encouragement à ses enfans.

— Merci, M. le général,. dit-il; il eut été heureux pour nous de vous rencontrer plus tôt. — Marie, tu trembles, mon enfant; va t'asseoir devant le feu.

Hoche voyant qu'elle hésitait, lui offrit la main avec plus de galanterie qu'on n'eût été en droit d'en attendre d'un général républicain, et la conduisit dans la chaise qu'il occupait au foyer.

—Citoyen, vous offrirai-je des rafraîchissemens?

— Et puis les canonniers se lécheront les barbes, tandis que les ci-devant boivent le vin de la nation, dit une voix dans la patrouille.

Louis avait espéré en se voyant dirigé sur Carnac, d'être délivré par Tinténiac, mais lorsqu'en arrivant il trouva le bourg désert et silencieux, une angoisse cruelle le saisit, il trembla que son compagnon n'eût été surpris et arrêté par les troupes républicaines, et la présence du général lui confirma toutes ces craintes, mais jugeant que s'il en eût été ainsi, l'accueil du général eût été tout différent, il s'efforça d'oublier momentanément Tinténiac, pour se tirer avec sa famille de cette malheureuse position, chose qui du reste lui présentait d'énormes difficultés, car il était à craindre que le général n'eût connaissance de l'ordre d'arrestation transmis au père de Charles.

— Général, dit-il, nous avons été arrêtés par cette patrouille, dans une promenade que nous fesions non loin de notre maison. La présence de cette dame et de ce vieillard, suffit pour montrer l'absurdité de notre arrestation, que nul motif ne justifie.

—Soyez tranquille, citoyen, prompte justice vous sera rendue. — Sergent, continua le général avec sévérité, vous n'ignorez pas les instructions que j'ai données à l'armée, vous y êtes-vous conformé? quelle raison avez-vous eue d'arrêter ces citoyens?

—D'abord, tu leur fais trop d'honneur en les nommant citoyens, ce sont des messieurs de l'ancien régime, dont la bicoque est suspecte, nous y sommes entrés ce soir, pour voir quel train on y menait, le vieux ici présent, s'était mis dans la tête que nous ferions demi tour à la cause de la république, il nous a *embêtés* d'une apparence patriotique en nous offrant à souper, et nous avons trinqué fraternellement avec lui, mais sur la fin du repas il a démasqué ses batteries et lancé ses tirailleurs, pour essayer si ça prendrait; citoyen général, tu connais le sansculotisme de la section des Quinze-Vingts, nous en étions du temps de l'autre, ça suffit pour te dire comment nous l'avons accueilli; bref, nous continuâmes la patrouille suivant l'ordre qui nous avait été donné ; nous avions fait halte comme le porte la consigne, pour écouter si rien ne bougeait à l'entour, quand nous entendîmes marcher ; bref nous arrêtâmes les ci-devant, que voici avec cet autre grand jeune homme, qui n'était pas à Kerderf.

—A Kerderf, répéta le général, ce nom est-il le vôtre, citoyen ?

Le vieux noble fit un signe affirmatif.

—Maintenant, général, reprit Louis, si vous voulez m'entendre, il nous sera facile d'expliquer le rapport de ce sergent.

— Cela est inutile, monsieur, répliqua Hoche, je suis parfaitement instruit. — Colin, je suis content de toi.

— Général, reprit Louis, avez-vous donc l'intention de nous retenir prisonniers ?

— Connaissez-vous les décrets contre les émigrés, monsieur ?

Louis changea de couleur et ne répondit pas.

— Si vous les connaissez, votre arrestation ne doit pas vous surprendre, elle est d'autant plus juste que vous rentrez en France dans de coupables intentions. — Monsieur Louis de Kerderf, vous êtes arrivé ce soir avec Tinténiac à bord d'un navire chargé d'armes et de poudre.

Ces paroles jetèrent la malheureuse famille dans une mortelle stupéfaction; car ce n'était pas seulement pour eux tous un arrêt sans appel qui les livrait au bourreau; mais l'annonce que leurs projets étaient connus et la cause qu'ils chérissaient plus que leur vie peut-être gravement compromise.

— Général, s'écria le vieillard, on vous a trompé.....

— Mon père, cessez, je vous en prie, interrompit Louis, il est inutile de feindre; le général a été trop bien servi par ses espions.

Son regard se portait sur Charles qu'il soupçonnait avec quelque raison de l'avoir dénoncé, puisqu'il était le seul qui connût son arrivée.

—Canonniers, reprit Hoche, ayez l'œil sur

ces prisonniers. — Quel est votre nom? demanda-t-il à Charles.

— Charles Kerdelo.

— Un officier municipal d'Auray porte ce nom, êtes-vous son parent?

— C'est mon père.

— Êtes-vous le fils pour lequel il a sollicité un brevet de sous-lieutenant?

Le jeune homme rougit et baissa la tête.

— J'ai donné ordre en partant de Rennes au géénral chef d'état-major Chérin, de vous expédier ce brevet, l'avez-vous reçu, citoyen?

— Hier.

— Et comment se fait-il que je vous trouve en pareille société? Quelle est votre opinion?

— Je suis républicain, balbutia Charles.

—Ignorez-vous donc qu'un républicain s'expose, en fréquentant les conspirateurs royalistes, à devenir traître ou dénonciateur, et j'aime à croire que ces deux rôles vous répugneraient également?

— Je ne pensais pas, répondit Charles embarrassé, qu'il fût indispensable de rompre toutes les relations.

— Ce n'est pas assez d'être sans reproches, interrompit Hoche, il faut éviter les soupçons. Or, qui me garantit votre patriotisme ?

—Et à nous ta probité, ajouta le vieillard.

— A cet égard, mon père, dit Louis avec amertume, je pense que vous avez maintenant une opinion arrêtée sur le compte de monsieur Kerdelo, et le général, malgré qu'il en dise, sait peut-être aussi à quoi s'en tenir.

Ces propos fussent allés plus loin, et l'injustice des soupçons que le royaliste concevait sur Charles, lui eût probablement été démontrée, quand le capitaine Clément arriva avec son détachemant.

Informé par le poste des mouvemens qui avaient eu lieu et de la présence à Carnac d'un officier supérieur, il fit ranger ses soldats auprès des chasseurs et entra seul dans l'auberge.

— Capitaine, dit Hoche, quelles nouvelles

m'apportez-vous ? Quel est l'état du pays que vous avez parcouru ?

— J'ai remarqué partout une grande fermentation, plusieurs troupes de paysans au nombre de quinze à vingt ont été vues par mes éclaireurs.

— Quelle direction suivaient-ils?

— Ils se dirigeaient vers la côte. — J'ai rencontré aussi un détachement de la garnison d'Auray qui venait de fouiller le château de Kerderf dont les maîtres ont échappé.

— Les voici. — Savez-vous si ces troupes sont retournées à Auray ?

— Non Général, elles doivent passer la nuit à Kergonant, propriété du citoyen Kerdelo.

Le général tourna sur Charles un regard sévère.

— Jeune homme est-ce par l'ordre de votre père que vous êtes allé à Kerderf?

— J'y suis allé à son insu.

— Vous êtes un fou ou un traître. Ne sortez pas d'ici que je ne vous le permette. — Capitaine, vos soldats ont-ils fait une longue marche ?

— Sept lieues environ, ils n'ont pas mangé depuis ce matin.

— J'ai besoin d'eux à l'instant, pourront-ils supporter de nouvelles fatigues ?

— Le courage supplée aux forces et le patriotisme enflamme le courage ; commandez, général, nous sommes prêts à marcher.

Hoche prit une carte dans son chapeau et l'étendit sur la table ; après l'avoir attentivement consultée, il fit quelques tours dans la chambre, les bras croisés sur sa poitrine, et reprit d'un ton calme et froid, comme un homme dont les paroles sont mûries par la réflexion.

— Colin, tu vas conduire ces prisonniers au poste du bourg, tu reviendras aussitôt. — Citoyenne, ajouta-t-il en adoucissant sa voix, je vous laisse libre de demeurer ici, le maire me répondra de vous.

— Je préfère suivre mon père, dit Marie en se levant.

La famille de Kerderf et Hoche se saluèrent avec politesse, et ces derniers sortirent accompagnés de l'escorte qui les avait amenés. Charles ayant voulu les suivre, le général l'arrêta.

— Restez ici ; j'ai besoin de vous.

Il écrivit quelques lignes au crayon sur un papier arraché de son portefeuille et le donna à l'officier de chasseurs.

— Chargez un homme sûr de porter cet ordre au commandant des troupes de Kergonant. — Citoyen Kerdelo, vous servirez de guide à cette ordonnance et vous accompagnerez le détachement à sa destination. Je vous offre l'occasion de réparer vos erreurs, ajouta-t-il d'un ton bienveillant dont le pauvre Charles eût vivement désiré lui témoigner sa gratitude.

—Capitaine Clément, allez vous mettre à la tête de vos hommes, envoyez de suite vos éclaireurs sur la route du Po.

Un instant après ces commandemens divers étaient exécutés, et le général donnait l'ordre de marche à sa petite troupe.

Le Po n'est guère éloigné que d'un quart de lieu de Carnac. Pour y arriver on traverse plusieurs sentiers passant entre ces murs à hauteur d'appui formés de pierres arrangées qui servent à marquer les limites dans une grande partie des côtes de Bretagne, assez souvent même le sentier est tout simplement ménagé au milieu des champs. Un certain nombre de maisons s'élève aux environs du Po, à cette epoque il y en avait beaucoup moins; l'espace existant entre Carnac et le village, n'ayant pas autant de population, était beaucoup moins labouré et plus favorable à la marche d'un corps de troupe.

Hoche sortit de Carnac à pied à côté du capitaine, dont les soldats électrisés par la présence de leur général, avaient oublié leurs fatigues et montraient une rare ardeur de se distinguer sous ses yeux. Les chasseurs marchaient à une portée de fusil en arrière de ce petit corps, à cause du bruit des chevaux, et ils avaient ordre de se porter rapidement sur la droite au premier coup de feu qui serait tiré.

Après un quart-d'heure de marche, les éclaireurs qui précédaient l'avant-garde, arrivèrent sur le lieu du débarquement. L'un d'eux se replia pour en donner avis et le général vint lui-même avec le capitaine observer la position de l'ennemi.

Le chasse-marée s'était approché au bord de la chaussée qui règne en avant du Po, de sorte que la cargaison, au sortir de la cale, était immédiatement déposée à terre, sans nécessiter le moindre transport. Grâce à cette facilité et au nombre des travailleurs, le déchargement avait été opéré avec une grande rapidité, et il paraissait même qu'une partie des munitions était déjà enlevée. Les caisses de fusils avaient été ouvertes, et chaque escouade en prenait la quantité nécessaire pour compléter l'armement des compagnies. Tout cela se faisait avec assez d'ordre pour des gens inexercés à de pareilles réunions; on n'entendait ni cris, ni disputes; il semblait que chacun fût bien pénétré de l'importance de sa mission et donnât toute son attention à exécuter avec ponctualité les ordres qui lui étaient donnés.

Le recteur et Tinténiac se multipliaient pour suffire à tout, et tandis que le premier expédiait à leurs destinations les troupes déjà pourvues, l'autre surveillait la distribution à celles qui ne l'étaient pas ; plusieurs chevaux étaient chargés de barils de poudre, attachés par deux et assujettis sur les bâts ; au moment ou le général arrivait, une quantité double de celle qui restait était envoyée dans les terres, sous la garde d'une forte escouade.

Cent hommes environ, portant l'uniforme des chasseurs chouans et un nombre égal de paysans armés étaient rangés sur la chaussée afin de protéger ce débarquement contre une attaque imprévue.

— Je ne m'attendais pas à trouver autant d'ordre ici, dit Hoche après avoir saisi les détails du débarquement en moins de temps qu'on n'en mettra à les lire ; ce plan est bien conçu, il fait honneur à son auteur. — Les chouans de ce pays tiennent-ils, capitaine ?

— Très bien, très bien, les lurons ont le coup d'œil sûr. Les chasseurs surtout se battent comme des enragés, j'en recruterais volontiers pour compléter ma compagnie.

— J'étais venu dans l'espoir de saisir ces munitions; mais outre qu'une partie est déjà enlevée, je doute que nous puissions nous emparer du reste. L'escorte est assez forte pour arrêter nos hommes tandis que les paysans se sauveront dans les terres. — Vos soldats connaissent-ils bien les routes?

— Du côté d'Auray il n'y a pas un sentier dont ils ne puissent rendre compte comme des pièces de leur équipement, mais nous sommes venus moins souvent par ici, nous ne connaissons guère la côte.

—Nous agirons néanmoins dès que les troupes de Kergonant arriveront. — Pensez-vous qu'elles tardent beaucoup?

— Je ne le crois pas, général.

Ils attendirent pendant assez long-temps, mais voyant que le détachement n'arrivait pas et que la plus grande partie des munitions débarquées était hors de leur atteinte, Hoche se décida à attaquer ce qui restait de chouans, non qu'il attachât une grande importance à une affaire partielle contre un petit nombre d'hommes, mais pour leur montrer plutôt que les troupes de la république étaient informées de tous leurs mouvemens, et qu'ils devaient s'attendre à les avoir continuellement sur les bras.

Il donna l'ordre au détachement d'avancer, et disposa les deux tiers en tirailleurs, à l'abri des maisons du Po. Les chasseurs qui ne pouvaient agir , vû la nature du terrain ; se tinrent en arrière pour favoriser la retraite ou prendre les chouans en flanc, s'ils tentaient de s'avancer dans la campagne.

Dès que ces dispositions eurent été faites, une décharge eut lieu sur toute la ligne. Cette attaque imprévue fut meurtrière pour les chouans et répandit la stupéfaction parmi eux. Pris au moment ou ils y pensaient le moins et ne connaissant pas la force des assaillans, leur premier mouvement fut de fuir, mais Tinténiac qui, sans attendre une attaque, en avait prévu la possibilité, ne partagea pas l'épouvante des siens, et s'élançant à la tête des chasseurs il coupa la retraite aux paysans en faisant face à l'ennemi. Pendant ce temps, le recteur parcourait les groupes et profita de l'influence qu'il exerçait sur ces hommes pour rappeler leur courage, en leur représentant qu'ils s'exposaient beaucoup plus par une fuite sans ordre qu'en tenant tête à l'ennemi. Ses exhortations produisirent d'autant plus d'effet que ces Bretons naturellement belliqueux avaient cédé à cette panique qui s'empare toujours d'un rassemblement brusquement assailli, mais que le premier moment de surprise passé, ils se fussent d'eux-mêmes disposés au combat. Défonçant un baril, ils en tirèrent des cartouches et se disposèrent à faire plus promptement qu'ils ne s'y attendaient l'essai des munitions anglaises sur les troupes républicaines.

L'ardeur que la présence de Hoche avait communiquée à celles-ci, les avantages de l'agression et leur habileté dans le maniement des armes leur donnèrent d'abord la supériorité sur les chouans. Car ceux-ci individuellement portaient des coups plus sûrs que les soldats, mais ils ne chargeaient pas leurs armes avec autant de rapidité, leurs mouvemens avaient moins de précision, et tirant dans l'obscurité, leurs balles atteignaient le plus souvent les murailles ou s'égaraient dans de fausses directions tandis que les soldats embusqués ajustaient presqu'à coup sûr au milieu d'un groupe.

Tinténiac sentant le désavantage de sa position, commanda de se porter en avant, et ce mouvement secondé par les chouans que dirigeait le recteur, obtint un succès complet. Les républicains débordés par une force dix fois fois plus nombreuse que la leur, furent contraints d'abandonner leur position, mais ils le firent lentement et avec cet ensemble qui rend la retraite des troupes aguerries si différente de la déroute d'un corps indiscipliné.

Les chouans arrêtés par leur contenance ferme, n'osèrent pas les attaquer de trop près mais dispersés sur une seule ligne, ils formaient un demi cercle autour du détachement et le pressaient ainsi de tous côtés. Hoche donna l'ordre à la cavalerie de charger, et ce secours fit une heureuse diversion car la petite troupe eut été infailliblement enveloppée.

Tinténiac satisfait d'avoir répoussé l'ennemi ne voulut pas sacrifier inutilement un grand nombre de ses hommes en poursuivant son succès, sa principale affaire dans ce moment était de mettre à l'abri, les provisions débarquées. En conséquence il rappela les paysans que le recteur conduisit sur la chaussée, et demeura avec ses chasseurs pour soutenir la fusillade tandis que les armes fileraient dans les terres.

Hoche réduit à cinquante hommes environ non compris sa cavalerie qui ne pouvait pas lui être d'un grand secours, n'était pas en position de reprendre l'offensive, et il se borna à tirailler avec les chasseurs autant pour inquiéter le débarquement que pour donner aux troupes de Kergonant le temps d'arriver Mais une assez vive fusillade qu'il entendit dans l'éloignement lui fit présumer qu'elles avaient rencontré un parti ennemi, et il n'espéra plus les voir arriver à temps.

Tinténiac averti aussi qu'un engagement avait lieu, craignit que les chouans ne fussent attaqués et désirant beaucoup plus se porter à leur secours, pour sauver les munitions, que de continuer le combat qui ne lui offrait aucun avantage; il fit cesser le feu au moment où Hoche rappelait ses tirailleurs. Tous les chevaux étaient chargés, la moitié des paysans portaient plusieurs fusils, tandis que l'autre formait l'escorte, et ce convoi quittait la chaussée lorsque Tinténiac y revint.

Hoche informé par le comité de salut public qu'un armement considérable avait lieu à Portsmouth et à Southampton, et averti par les espions que le bruit d'un débarquement, répandu dans le Morbihan, se confirmait par les mouvemens inaccoutumés des chefs; Hoche avait voulu visiter le pays pour s'assurer par lui-même de l'importance de ces rapports. Il en avait vu assez pour en reconnaître la vérité et se convaincre que les habitans étaient tout disposés à accueillir les émigrés, mais sa présence inutile dans ce lieu, devenait par cela même plus nécessaire à son quartier-général, et il prit la résolution d'y retourner immédiatement.

— Capitaine Clément, dit-il, rentrez à Carnac, jê ne pense pas que vous y soyez attaqué, si vous l'étiez, n'épargnez rien pour vous y maintenir, je vous enverrai des renforts, surtout surveillez les côtes avec la plus grande attention, et instruisez-moi sans délai de tout ce qui s'y passera.

—Je n'y manquerai pas, général.

—Je vous engage à continuer vos relations avec ce mendiant qui vous sert d'espion, payez-le bien, il vous donnera des renseignemens importans.

— Vous connaissez Gourguff, mon général? c'est un rusé matois qui entend bien son affaire.

— J'ai causé avec lui, ce soir.

Il écrivit quelques mots au crayon.

— Faites passer aussitôt cet ordre à l'officier qui commande le détachement de Kergonant, la fusillade que nous avons entendue a cessé, il est probable qu'il va se rendre ici; envoyez à sa rencontre. — Au revoir, capitaine, je me rappellerai de vous aux premières promotions, car vous pouvez servir utilement la nation dans un grade plus élevé. — Adieu, mes camarades, ajouta-t-il en se tournant vers les soldats, la république attend de votre zèle et de votre patriotisme, une conduite toujours aussi belle que celle dont votre général a été témoin ce soir; adieu, mes camarades, vive la république.

— Vive la république, vive notre général, crièrent les soldats, heureux jusqu'à l'enthousiasme de cette approbation d'un officier qu'ils chérissaient.

Hoche monta à cheval et s'éloigna rapidement avec son escorte dans la direction d'Auray, l'esprit occupé des incidens qui avaient eu lieu ce soir.

VIII.

Le détachement de troupes que nous avons vu à Kergonant, sur l'ordre apporté par Charles, se dirigea aussitôt vers le Po. A moitié route il rencontra un parti de chouans nombreux, venant du débarquement, et engagea une assez vive fusillade, qui n'eut aucun avantage pour les deux partis, et se borna de chaque côté à la perte de quelques hommes. Cette rencontre ayant retardé sa marche, il n'arriva au Po qu'une demi-heure après le départ de Hoche, et y trouva le nouvel ordre que le général avait laissé en partant. Le capitaine en ayant donné communication au citoyen Kerdelo, qui avait accompagné la troupe pour faire preuve de zèle devant le général en chef, il vint à son fils qui marchait avec l'avant-garde.

— Eh bien, eh bien, que viens-je d'apprendre, Charles, la famille de Kerderf est prisonnière à Carnac, et toi qui en venais, toi qui as forcé la consigne que j'avais donnée en partant de Kergonant; Charles, mon fils, il y a anguille sous roche, ta conduite n'est pas claire, garçon.

— Qu'avez-vous appris de nouveau? demanda Charles avec l'inquiétude que donne une mauvaise conscience.

— Il ne s'agit pas de nouveau, mais d'un

ancien compte à régler : procédons avec méthode ; qu'es-tu allé faire à Carnac ?

Charles ne répondit pas.

— M'entends-tu ? je te demande pourquoi tu as quitté Korgonant, où j'entendais que tu restasse ; comment tu as rencontré le général en chef dans une auberge de Carnac ? le capitaine a remarqué tout cela... et cette famille de Kerderf qui s'envolait au moment où nous mettions la main au nid... il y a là-dessous un mystère que j'éclaircirai ; j'exige que tu me dises tout.

Charles pressé de cette manière, et ne trouvant aucune raison de justifier sa sortie de Kergonant, et sa présence à Carnac, prit le parti de tout raconter à son père ; pendant qu'il parlait, le vieillard l'interrompit fréquemment par de brusques exclamations, mais la colère qu'il avait paru éprouver d'abord, se calma beaucoup, quand le récit fut achevé.

— A merveille, Charles, c'est une fort jolie conduite, une petite trahison et un abus de confiance ; tu débutes par un coup de maître, cela peut te mener loin, loin et haut, tu m'entends bien... et ton père par ricochet, pourra attraper une égratignure de couteau... mais qu'importe la vie de ton père, quand tes amis les ci-devans sont en cause.

— Mon père, reprit Charles avec sensibilité : vous connaissez trop bien l'affection que je vous porte...

— Allons, petit, n'en parlons plus ; après tout, le mal n'est pas grand, et puisque ces aristocrates sont également sous le scellé, il n'est pas mauvais que tu les aies prévenu... un service en vaut un autre, obligeons quand il n'en coûte rien, c'est le moyen de s'enrichir... par exemple, il eut été plus adroit de ne les avertir... mais tu es trop simple, trop sot, mon pauvre garçon.

— Vous venez de recevoir une nouvelle communication demanda Charles, qui souffrait cruellement toutes les fois que son père manifestait, même en tête à tête, de pareilles opinions.

— Le général nous donne l'ordre d'aller prendre à Carnac la famille de Kerderf, pour la transférer à Auray.

— Quand?

— Tout de suite; ne vois-tu pas que le capitaine a changé de direction. — Cela me contrarie, car j'aurais voulu en finir à Kergonant, mais l'ordre est formel, et le citoyen Hoche n'entend pas la plaisanterie, c'est un luron avec lequel il faut marcher droit son chemin sans broncher, sans regarder en arrière; bon Dieu, s'il savait ce que tu as fait ce soir.

Charles se garda bien de dire à son père que le général avait tout deviné.

— Voulez-vous me permettre de prendre les devans pour prévenir M. de Kerderf, de se préparer à partir.

Le municipal réfléchit un moment.

— N'as-tu pas encore l'intention de leur faire prendre la clef des champs?

— Quand j'en aurais l'intention, je n'en ai pas le pouvoir, c'est tout simplement une prévenance de ma part qui ne peut vous compromettre, ou même un ordre que vous me donnez de tout disposer à l'avance, pour éviter les retards.

— C'est cela, d'une pierre tu feras deux coups, voilà ce qui s'appelle parler; vas, mon garçon, et sois bien prudent surtout.

Charles profita du bon vouloir de son père, et redoutant de nouvelles observations, il piqua son cheval sans en attendre davantage; quelques instans après il mit pied à terre devant le poste de Carnac, et fut introduit auprès des prisonniers. Il les trouva dans une petite chambre ressemblant à un cellier, la terre battue mêlée de pierres, formait un pavé inégal, l'humidité avait festonné les murs, le plafond excessivement bas, ne permettait pas aux hommes d'une taille ordinaire de se tenir debout, un tas de paille réduit à l'état de fumier, servait de lit aux hôtes de ce hideux violon, ceux qui préféraient veiller que de goûter les douceurs du sommeil sur une couche aussi malpropre, avaient la ressource d'un banc sur lequel la famille de Kerderf était assise en équilibre, à cause d'un pied qui y manquait.

A la vue de Charles, précédé du sergent qui apportait de la lumière, ces trois personnes manifestèrent des sentimens opposés. Louis se fit calme et se concentra en lui-même, comme s'il eut redouté un piége dont il voulût se garantir. Le vieillard ajoutant foi difficilement à la trahison de Charles, l'accueillit avec un sourire, et pensant aussitôt qu'il avait renié leur cause, il fronça dédaigneusement les sourcils, mais hésitant entre ces deux opinions, il passa successivement plusieurs fois du sourire à la menace; pour Marie, appréciant mieux les intentions et la conduite du jeune homme, elle lui jeta un regard dont l'expression de gratitude le dédommagea amplement de l'accueil peu encourageant que lui fesaient les deux nobles.

— M. de Kerderf, dit-il, avec une émotion dont la jeune fille rougit en en comprenant la cause, mon père est chargé par le général en chef de vous transférer immédiatement à Auray, je l'ai devancé afin de vous donner le temps de prendre les dispositions que vous jugerez convenables pour une absence qui peut-être sera longue, et dans le cas où vous voudriez me charger de vos ordres...

— Vous êtes trop obligeant, monsieur, interrompit Louis d'un ton d'amer sarcasme, nous ne voulons pas abuser de votre bonne volonté.

— Je vois avec peine, monsieur, vos ridicules préventions, mais comme il est possible que votre père apprécie mieux mes intentions, je lui réitère l'offre...

— Monsieur, quand la prudence ne nous défenderait pas de mettre un ennemi dans le secret de nos affaires, la délicatesse nous en empêcherait de peur de le compromettre; veuillez donc ne pas insister sur des offres qui sont au moins singulières, après ce qui s'est passé.

Le rouge monta aux joues de Charles, il éprouva une oppression pénible en sentant que sa conduite justifiait jusqu'à un certain point cette observation. Une chose cruelle pour l'honnête homme est d'inspirer un soupçon, dont il n'est pas en son pouvoir de démontrer l'injustice, or le pauvre jeune homme s'avouait qu'en se montrant si empressé d'obliger des gens qui l'avaient prié formellement de ne pas se mêler de leurs affaires, qui s'étaient exprimés avec lui de manière à rompre pour jamais toutes relations ; il devait nécessairement leur paraître vil ou suspect, car il ne pouvait avouer pour justifier cet empressement à les servir, le sentiment passionné que lui inspirait Marie, sentiment absolu qui domine toutes les facultés et fait passer par dessus les obstacles ou les considérations, lorsqu'on pense être agréable à la personne qui l'inspire.

Après les paroles de Louis, il fit un mouvement pour sortir, mais un regard de la jeune fille l'arrêta. Il crut qu'elle lui témoignait sa reconnaissance du dévouement qu'il leur montrait, et lui demandait d'excuser la dureté de son frère en faveur de sa position.

C'en fut assez pour le décider à subir de nouvelles humiliations.

— Vous ne m'avez pas compris, reprit-il en baissant les yeux, car son orgueil se révoltait intérieurement du joug honteux que lui imposait l'amour. —L'offre que j'ai faite à monsieur votre père ne concerne point les affaires de votre parti, mais ses intérêts domestiques. Les portes de Kerderf ont été forcées, vos gens ignorent peut-être ce que vous êtes devenus, et comme il est probable qu'on ne vous laissera communiquer avec personne, je pensais...

— Merci, bien obligé, interrompit le vieillard, pour qui les soupçons de son fils étaient devenus contagieux, je ne me soucie point de te prendre pour mon homme d'affaires, ton père est un trop fin matois, il pourrait jouer aux Kerderf le même tour qu'aux Kergonant.

En toute autre circonstance, Charles eut été révolté d'une pareille supposition, mais il ne trouva pas un mot pour défendre son père et s'indigner de cet outrage, car cette suspicion du vieillard était pour lui une trop malheureuse vérité; il lui semblait voir les ancêtres du vieux seigneur de Kerderf planer au-dessus de sa tête., et l'avertir qu'il avait devant les yeux le fils de l'homme qui convoitait sa dernière propriété. Une larme mouilla sa paupière. Il se retira brusquement pour cacher son émotion.

Marie eût pitié de lui.

—Vous avez été bien dure envers ce pauvre jeune homme, je ne partage pas vos préventions sur son compte.

— Voilà bien les femmes, dit Louis; le citoyen Kerdelo possède une jolie figure et une tournure agréable, dès-lors il n'est pas possible...

— Louis, quelle folie dis-tu là ?

— Pourquoi te montres-tu si compatissante pour lui, quelle raison as-tu de t'intéresser à ce...

— Une meilleure à coup sûr que toi de l'accuser. Nous connaissons Charles depuis notre enfance.

— Bath, s'écria Louis avec impatience, c'était avant la révolution ; à cette époque nous ne pouvions pas prévoir qu'il fût devenu terroriste.

— Tu sais bien qu'il ne l'est pas, mais j'admets qu'une différence d'opinion suffise pour rompre tous les liens, ne devons-nous pas être d'autant plus reconnaissans de l'intérêt qu'il nous témoigne…

— Voilà justement ce que je ne comprends pas, et aussi long-temps que le citoyen Kerdelo ne m'aura pas donné une raison plausible de cet intérêt obstiné, je lui attribuerai un motif fort naturel ; enfin, tu ne me feras pas croire qu'il s'expose à toute la fureur d'un gouvernement implacable, dans le but unique d'obliger des gens qui le traitent comme le dernier des misérables.

Marie ne jugea pas devoir révéler à son frère la cause qui faisait agir Charles, elle n'osa plus même le justifier de peur de s'accuser elle-même.

— Ma foi, reprit le vieillard, à vous dire vrai, mes enfans, je ne sais trop que penser ;

je ne puis croire que cet enfant que j'ai connu si naïf soit devenu tout à coup le plus fieffé scélérat, mais aussi j'ai peine à me persuader que le fils de Kerdelo n'ait pas quelques points de ressemblance avec son honorable père.

La porte s'ouvrit de nouveau et le sergent invita les prisonniers à passer dans le corps-de-garde. Charles s'y trouvait, il vint à leur rencontre.

—Monsieur, dit-il, la troupe est à la porte, desirez-vous des chevaux ?

—Nous n'en voulons point, répondit le vieillard, notre marche au milieu des troupes servira utilement la cause.

—Songez que vous aurez à faire trois lieues dans de mauvais chemins.

Cela nous regarde, monsieur.

— Veuillez donc sortir, vous êtes attendus.

Le détachement était rangé sur deux files, les prisonniers furent placés entre elles à la suite l'un de l'autre et séparés par un soldat, de manière à ce qu'ils n'eussent ensemble aucune communication. Charles s'était procuré un capot d'étoffe et une mante qu'il fit remettre à Marie. La jeune fille remarqua alors qu'elle avait la tête nue et une simple robe blanche, comme au sortir du château, et elle fut vivement touchée de la sollicitude de Charles, qui prévenait ses besoins avant qu'elle ne les eut sentis. En se couvrant de ces vêtemens elle s'aperçut au bien-être qu'elle éprouva combien ils lui seraient utiles; car la nuit était froide, un vent de mer se levait avec le jour près de paraître. Elle regarda si elle ne voyait pas Charles pour lui témoigner sa gratitude de cette délicate attention, mais au moment où elle allait lui parler une réflexion l'arrêta, elle baissa la tête et s'entoura dans les plis du large capot avec des larmes dans les yeux.

La pauvre fille s'accusait de l'amour de Charles, quoiqu'elle eut mis constamment dans sa conduite la plus scrupuleuse retenue. Elle était effrayée des progrès de cet amour, auquel elle ne voulait ni ne pouvait répondre. Elle désirait que Charles s'éloignât, qu'il cessât de l'aimer, et cependant elle s'avouait que ce départ laisserait un grand vide autour d'elle, et qu'elle éprouverait un sentiment douloureux si elle venait à apprendre que Charles en aimât un autre.

Depuis un quart-d'heure, le détachement était parti de Carnac, le brouillard se dissipait devant les lueurs du matin, les oiseaux faisaient entendre leurs premiers chants de réveil. La nature entière semblait s'épanouir aux splendeurs d'une belle journée. La route qu'ils suivaient était tracée sur une lande riche de ses vieux souvenirs et de ses sombres menhirs, dont les flancs anguleux se dessinaient dans la brume comme des géans pétrifiés. Une goutte de rosée suspendue à chaque brin d'herbe brillait comme autant de perles que les fées eussent semé sur ce théâtre de leurs jeux. Lorsque le vent agitait de maigres arbres entre les pierres druidiques, il semblait voir leurs longues chevelures et leurs blanches robes voltiger dans l'éloignement. Tout à coup un sombre roulement rompit l'harmonie de cette nature calme et souriante, un frisson passa dans l'escorte, les têtes se levèrent étonnées, ils s'arrêtèrent pour l'écouter. Le bruit qu'ils avaient entendu continuait de résonner; il ressemblait au mugissement des flots qui se déchirent sur les rochers, puis il grandit, se développa, remplit l'air et l'on distingua une terrible cannonade, annonçant un combat naval entre deux formidables flottes. On n'en pouvait douter, la France et l'Angleterre, ces deux anciennes ennemies, s'étaient de nouveau rencontrées; cette fois au moins le sol français ne servait pas de champ clos, la lutte se passait sur la frontière des deux états.

Louis regarda son père avec une vive anxiété; de l'issue de ce combat dépendaient toutes ses espérances; si l'Angleterre était vaincue, l'escadre de débarquement serait prise et dispersée. Le vieux noble comprit d'autant mieux l'agitation de son fils, qu'il concevait les mêmes craintes, et cherchait les mêmes espérances, il lui prit la main qu'il serra avec émotion, et profondément persuadé de la justice de leur cause, il lui montra le ciel pour l'inviter à la confiance.

Les républicains ignorant la descente projetée par les émigrés, accordaient moins d'intérêt à cet engagement naval; d'ailleurs, ils ne comprenaient pas parfaitement toute l'importance de la marine, et la défaite ou le succès d'une escadre, n'était à leurs yeux qu'une affaire d'amour-propre national. Les soldats se remirent donc assez tranquillement en marche, accueillant comme un moyen de se distraire dans leur route, ces détonations incessantes; chaque fois qu'elles étaient plus fortes leur attention redoublait, ils lâchaient pour y répondre une bordée de sarcasmes à l'Angleterre, et d'allusions aux ci-devans, que la présence des Kerderf rendait plus piquantes pour eux.

Le citoyen Kerdelo fut joindre son fils qui marchait à quelques pas derrière Marie.

— Eh bien! garçon, que dis-tu?

— Je ne dis rien.

— Tu parais triste comme un hibou, qu'as-tu donc encore dans la tête ? — Charles ne répondant pas. — Je n'augure rien de bon de cette canonnade, et toi ?

— Ni moi, dit Charles distraitement.

— L'anglais venge avec ses flottes, les victoires de nos armées, nous ne sommes pas heureux sur mer.

— C'est une malheureuse vérité.

— Alors je ne vois pas la nécessité de mettre des flottes dehors, celà coûte un argent fou, et ne nous rapporte rien. — J'ai fait une singulière remarque : avec l'anglais, nous sommes presque toujours vainqueurs dans les engagemens partiels, et battus dans les grandes affaires ; pourquoi, le sais-tu ?

— Je pense qu'il faut attribuer cette différence, dans le premier cas, au courage de nos marins, dans le second, à la supériorité des amiraux de l'Angleterre.

— Possible, possible, je le croirais volontiers ; on prenait dans l'ancien régime, un président à mortier, un évêque ou un prince imberbe, pour en faire un amiral, je ne l'ai pas vu, mais cela m'a été dit. — Diable, voilà que ça redouble; heim Charles, il fait chaud de ce côté, je leur cède volontiers la place.

— Je serais curieux d'assister à un pareil engagement.

— Merci, je n'ai point pour mon compte de si niaise curiosité, un boulet peut vous arriver avant qu'on ne l'ait appelé; avec de pareils camarades on ne fait connaissance qu'une fois. — Et puis, s'il faut tout dire, le citoyen amiral ne m'inspire pas grande confiance: je n'ai pas l'intention de blâmer le gouvernement, s'il lui confie le commandement de notre flotte, il a, je n'en doute pas, de bonnes raisons pour le faire; mais enfin, c'est mon opinion, une opinion toute personnelle, et que je dis entre nous, du père au fils, sans aucun mauvais dessein... Villaret-Joyeuse n'est pas mon homme, que veux-tu.

Charles, malgré sa tristesse, ne put s'empêcher de sourire du méticulisme de son père qui prenait de telles précautions pour énoncer a plus innocente opinion.

— Enfin nous n'en pouvons mais... j'espère que nous saurons demain le résultat de cette bataille, quelque vaisseau désemparé nous en donnera la nouvelle, en attendant je n'en continuerai pas moins à faire mes quatre repas, je n'ai pas, dieu merci, un sou d'intérêt à bord de barque ou navire; c'est folie de mettre son argent en mer, on ne peut compter sur rien, parlez-moi de la terre, c'est une valeur qui ne craint ni vent, ni pluie, ni tonnerre, quelques désastres qui arrivent le fonds est toujours là, le diable ne vous l'ôterait pas...

— Mais une simple loi, un décret semblable à celui qui dépouille les émigrés, fait passer en d'autres mains cette terre...

— Au profit de qui? s'écria le vieillard, à moins d'invasion étrangère, celà n'est pas du tout possible; quel but aurait ce décret? aux mains de qui passerait la terre?

— Aux mains de ceux qui n'en ont pas; vous vous êtes enrichis des dépouilles de la noblesse, craignez qu'un jour d'autres n'imitent votre exemple.

— Et qui ? qui ça, fou que tu es ?

— Le peuple qui n'a rien, qui vous regardera un jour, vous bourgeois, du même œil que vous regardiez la noblesse ; qui sera jaloux de vous comme vous l'étiez d'elle, qui vous traitera comme vous l'avez traitée. — Mon père, vous convoitez le domaine de Kerderf, le paysan qui le laboure s'ennuiera un jour de vous en payer le fermage, il en convoitra la propriété avec plus de justice que vous.

— Ta, ta, ta, niaiserie que cela, je ne veux dépouiller personne, je n'entends pas qu'on me dépouille ; si Kerderf est mis en vente, je me porterai acquéreur, que le fermier surenchérisse, il sera adjudicataire, il n'y a là ni privilége, ni distinction, mais égalité complette ; au plus offrant, c'est justice ; tout se fait au nom de la loi, à l'ombre de son égide ; moi d'abord je ne connais que la loi, je suis homme d'ordre avant tout.

Charles allait lui demander s'il se montrerait aussi respectueux pour une loi qui confisquerait ses propriétés comme l'avaient été celles des émigrés, mais le capitaine vint interrompre leur conversation.

— L'affaire est chaude, citoyen, la canonnade ne cesse pas; j'estime qu'il y a bien mille bouches à feu en discussion.

— Les lurones ont le verbe haut, elles se font entendre de loin. — Citoyen Lebon, ne craignez-vous pas quenous ne soyons frottés?

— J'en ai vraiment peur, citoyen.

Charles n'en entendit pas davantage, il remarquait depuis quelque temps que Marie paraissait éprouver une grande fatigue de la marche; le chemin inégal et pierreux devait blesser ses pieds que préservaient mal les semelles fines de ses souliers, il descendit de cheval et s'approcha de la jeune fille.

— Vous êtes fatiguée mademoiselle Marie?

— Oui, répondit-elle, je souffre beaucoup; sommes-nous bientôt rendus?

— Pas avant une heure.

— Mais si la passion les égare, êtes-vous contrainte de partager leurs erreurs ?

— Il ne m'appartient pas de juger s'ils ont raison, je le crois et j'agis en conséquence. En admettant le contraire, ma conduite serait la même.

— C'est une bien grande abnégation.

— Je fais strictement mon devoir.

— Ainsi vous partagez les soupçons de votre frère, vous croyez que je vous ai dénoncés ?

— Si vous le pensiez, me le demanderiez-vous ?

— Eh bien, dites-moi que je n'ai rien perdu dans votre estime...

— Oh ! rien, je vous l'assure. Je saisis même cette occasion de vous remercier, monsieur Charles, de tout ce que vous avez fait pour Louis et pour mon père, j'en garderai un éternel souvenir.

— Je n'osais pas ambitionner une aussi précieuse récompense.

— J'espère qu'ils reconnaîtront leur injustice à votre égard.

— Du moment que vous me conservez les mêmes sentimens que par le passé...

—Je ne vous ai pas dit cela. Autrefois, nous étions amis; à présent nous ne le sommes plus.

— Mademoiselle Marie , reprit Charles avec émotion, est-ce bien sérieusement que vous me parlez ainsi?..

—Monsieur Charles, je ne suis guère en position de vous parler autrement.

— Mais de grâce expliquez-vous mieux. Si vous saviez combien vos paroles me font mal.

— Eh bien! cessons cet entretien.

— Vous dites m'estimer encore, et vous me retirez l'amitié dont vous m'honoriez ; mais si vous me trouvez encore digne de votre estime pourquoi ne le suis-je pas de votre amitié.

— Vous n'êtes plus l'ami de ma famille depuis que vous servez une cause opposée à la nôtre ; mais si comme je n'en doute pas vous vous comportez honorablement, mon estime vous sera acquise.

— Au même titre qu'à tout autre. — Oh mademoiselle Marie je vous croyais plus de sensibilité. Quant à moi je n'ai pas ce cruel stoïcisme, je n'ai pas le courage de mesurer mes affections à l'opinion de mes amis. Votre père, votre frère, malgré leur injustice occupent toujours la même place dans mon cœur, et vous, mademoiselle Marie, vous êtes la femme, — sa voix trembla, — dont l'amitié me serait la plus précieuse.

—Eh bien, dit-elle, abandonnez cette infâme république et venez servir notre cause.

— Que me demandez-vous ? s'écria Charles avec l'effroi d'une conscience faible devant une puissante séduction ; mademoiselle Marie, mais je serais déshonoré.

— On ne l'est point en reconnaissant une erreur, en quittant un parti qui s'est souillé des attentats les plus odieux, de la mort du meilleur des rois, pour se dévouer à une cause sainte que l'église...

—Non, non, dit Charles en tremblant, cela ne se peut pas ; mademoiselle Marie, au nom de Dieu ne m'en dites pas davantage, car je connais ma faiblesse.

— Monsieur Charles, si ce que vous m'avez dit est vrai, vous ne devez pas hésiter. Le jour où vous prendrez la cocarde royaliste mon amitié vous est rendue.

—Et la honte, la honte, murmura-t-il d'une voix étouffée.

— Allons, vous viendrez à nous, reprit la jeune fille que dominait complètement dans ce moment le désir de gagner un partisan à sa cause; monsieur Charles, n'est-ce pas que vous nous viendrez?

Il n'eut pas la force de répondre.

— En attendant, voulez-vous me rendre un petit service, reprit-elle?

—Avec bonheur, répondit Charles.

—Vous connaissez madame Lanno, la femme du juge-de-paix d'Auray, je voudrais qu'elle eut ce billet au moment de notre arrivée, avant s'il était possible.

— Dans dix minutes elle l'aura.

—Vous êtes un brave jeune homme dit Marie avec expansion. —Vous ne vous informez pas du contenu de ce billet, s'il vous compromettait, pourtant?

—Si je vous suis utile, si je parviens ainsi à mériter quelque chose de plus que l'estime...

—Vous savez à quelles condition.

Il soupira profondément.

— Mademoiselle Marie, je vais porter votre lettre.

Il monta à cheval et s'éloigna au galop.

IX.

Quoiqu'il fut encore de bonne heure quand Charles arriva à Auray, la ville offrait néanmoins un aspect de vie et de mouvement peu ordinaire. En comparant la population au nombre des individus qui se trouvaient dans les rues, on pouvait affirmer que les maisons étaient à peu près désertes, car ce matin la ville s'était éveillée au bruit de la canonnade, et chacun était sorti à la hâte, non pour chercher des informations qu'on savait ne pas trouver, mais, par ce besoin de mouvement qui ne permet pas de suivre ses occupations lorsqu'il arrive un événement d'un intérêt général. Ainsi les habitans d'Auray, sans distinction d'âge, de sexe ou de condition, pour la première fois peut-être, s'étaient levés en même temps, et la ville entière, un moment auparavant, semblable à un camp endormi, s'était animée avec la même rapidité qu'il le fait aux sons de la diane. Car chacun, selon son caractère et ses opinions politiques, avait besoin de mêler ses conjectures aux suppositions des autres, d'espérer ou de craindre ensemble, afin que les espérances fussent plus doucement savourées, les craintes plus cruellement senties; sentimens qui sont acceptés avec presqu'autant d'empressement lorqu'ils prennent leur source dans un objet politique parce qu'ils procurent une somme égale d'émotion qui est toute la vie de l'homme.

En voyant Charles parcourir les rues au galop on s'imagina qu'il apportait des nouvelles, mais il passa rapidement sans répondre aux questions qu'on lui faisait de tous côtés, et s'arrêta à la porte de leur maison, située derrière la mairie. Une vieille servante sortit d'un groupe voisin et accourut près de lui.

— Jésus mon Dieu! qu'est-ce que cela, mon Charles? qu'est devenu ton père?

— Le voici qui vient; prends mon cheval, Marguerite.

Il lui remit la bride et s'éloigna rapidement.

La mairie d'Auray est un bâtiment moderne surmonté d'un clocher qui renferme l'horloge. Elle fait face à une rue très large dessinée en entonnoir et dont elle occupe le haut. Cette place allongée est bordée d'assez belles maisons habitées par l'aristocratie du lieu. A l'extrémité sur la droite, auprès d'une auberge connue sous le nom de Pavillon d'en haut, par opposition à une autre auberge établie à l'entrée du pont qui conduit à la route de Vannes, sous celui de Pavillon d'en bas; à l'extrémité de cette place, dans une maison de modeste apparence dont la porte cintrée était flanquée de deux bancs de pierre et surmontée d'un écriteau indiquant la justice de paix; deux personnes assises devant la fenêtre causaient d'un air mystérieux sans paraître donner la moindre attention aux groupes réunis sur la place. L'une était une femme de quarante ans environ dont la mise et les manières rappelaient, un peu en charge, celle des dames de qualité. Bien qu'elle parût toute occupée de son interlocuteur elle trouvait encore le temps de jeter de fréquents regards sur une petite glace qui réflétait sa figure grimaçant continuellement d'agréables minauderies. L'autre vêtue de noir de la tête aux pieds, avait des formes insinuantes, un parler mielleux et toute la physionomie d'un diplomate de bas étage.

— Bon dieu! mon cher abbé, s'écria la dame, en donnant un coup-d'œil à sa glace pour juger de l'expression de sa figure en faisant cette exclamation ; vous m'étonnez, vous me plongez dans une surprise... vraiment je n'en reviens pas.

— Je vous avoue, madame, que j'ai éprouvé un étonnement égal au vôtre, en apprenant cette intrigue. Je connaissais l'outrecuidance de ces messieurs, mais je ne pensais pas qu'ils en vinssent jamais à ce point.

— Quelle présomption! se croire capables d'agir sans notre concours, sans même nous consulter, c'est intolérable, mon cher.

— Aussi ils seront cruellement punis. Fiez-vous en moi; j'ai déjà pris mes mesures, la leçon sera prompte et bonne.

— Vous m'enchantez: voyons mon cher Boutonillic, faites-moi part de vos projets.

— Certaines personnes nous blâmeront je n'en doute pas, reprit l'abbé en poursuivant son idée, on nous reprochera de n'avoir pas appuyé cette expédition, sous le spécieux prétexte que la cause royale ne doit négliger aucuns moyens de succès, mais qui nous garantit la loyauté du comte de Puisaye? pourquoi nous a-t-il caché ses projets? n'a-t-il pas sollicité notre appui? pourquoi, madame, le savez-vous...

— Je ne m'en doute pas.

— Pourquoi se fait-il l'instrument de l'Angleterre, l'ennemie jurée de la France, et néglige-t-il l'alliance que nous pouvions conclure avec l'Espagne, notre fidèle alliée, pourquoi enfin n'a-t-on pas mis un prince français à la tête de cette expédition? pourquoi, je frémis en y pensant... c'est qu'il a trahi la cause, qu'il est vendu à l'Angleterre et veut se servir des royalistes français pour donner le trône au duc d'Yorck.

— Le scélérat! s'écria la dame, en se tournant vers sa glace, pour juger de l'expression que prendrait sa physionomie dans ce moment d'indignation, le scélérat, reprit-elle, en répétant un jeu de muscles dont elle avait été contente; peut-on pousser jusqu'à ce point la bassesse et la perfidie! mais mon cher abbé êtes-vous bien sûr que ce soit là son dessein? j'ai peine à croire qu'un noble français, un noble d'ancienne race, car M. le comte Joseph de Puisaye, appartient à une bonne maison, oublie ce qu'il doit à son roi, ce qu'il se doit à lui-même.

— Nous en avons pourtant de trop nombreux exemples. — Au surplus, cette opinion sur les intentions du comte, est celle du chevalier de la Vieuville et de l'agence de Paris.

— Hélas! dans quel temps vivons-nous; murmura-t-elle, en se regardant soupirer, et comme elle fesait ce mouvement avec une grâce toute particulière selon elle, que ses yeux roulant dans l'orbite, se développaient avec beaucoup d'avantage, elle reprit plus profondément. — Hélas! dans quel temps vivons-nous!..

— Après tout, reprit l'abbé, souriant agréablement aux minauderies de la bonne dame, quand le comte de Puisaye n'aurait pas réellement l'infâme projet qu'on lui suppose, n'est-ce pas assez déjà qu'il ait tenu son expédition secrète, qu'il ait agi en dehors de nous pour que nous soyons en droit de lui susciter des entraves.

— C'est une vengeance bien légitime.

— Car son but en agissant ainsi, a été évidemment d'avoir seul la gloire du succès, il a l'ambition modeste d'être nommé le restaurateur de la monarchie en France, nous ne souffrirons pas qu'un chef de chouans le devienne, c'est trop de gloire pour un seul homme.

— Mon cher abbé, si cependant le comte sentait la nécessité... consentait enfin...

— Je vous entends, madame; que Puisaye consente à recevoir la direction de l'agence, à lui soumettre le plan de ses opérations, alors oubliant toute rivalité, nous fesons cause commune et marchons avec lui, dans ce cas notre succès est certain, car donnant le signal d'un vaste mouvement depuis longtemps préparé, nous frappons l'ennemi au cœur, au sein même de la convention, tandis que les provinces s'insurgeront toutes en même temps.

— Ce serait délicieux! Boutinillic vous m'enchantez! Quel bonheur de revoir notre charmant comte d'Artois, la fleur des chevaliers français, et toute cette chère noblesse l'ornement des cours étrangères. N'est-il pas déplorable qu'une femme de bon ton ne puisse se montrer sans s'exposer à la rage de ces hideux sans culottes qui voudraient que tout le monde leur ressemblât. Je vous demande s'il est possible à une personne bien née de s'astreindre à leurs mœurs grossières, à leurs modes ridicules, à leur langage barbare; c'est une monstruosité, mon cher.—Ah! Louis, il y a assez long-temps que nous soupirons après toi.

— Bon espoir, madame, vos vœux seront exaucés. — Quel est ce jeune homme qui entre chez vous?

Elle se pencha à la fenêtre et manifesta un mouvement de plaisir en apercevant Charles qui ouvrait la porte d'entrée, puis se posant sur sa chaise elle s'étudia à prendre, pour le recevoir, un maintien convenable à ses prétentions.

— Ce jeune homme, dit-elle avec indifférence, est le fils d'un officier municipal, le citoyen Kerdelo, un ancien bailli royaliste devenu républicain, qui s'enrichit en achetant les biens nobles. Monsieur Lanno a des relations d'affaires avec ces gens-là, et je suis forcée de les voir... Ah! mon cher abbé, c'est une chose bien triste qu'une mésalliance! Que de larmes elle m'a coûté. — Du reste, ajouta-t-elle en remarquant dans sa glace que le genre pathétique ne convenait pas à l'expression de sa figure; ce petit Charles est bien élevé, il a surtout le bon esprit de se tenir dans son rang; je ne connais rien de plus maussade et de plus ridicule que ces gens de bas étage qui prétendent marcher de pair avec les personnes bien nées.

Charles ouvrit la porte et fit par égard pour les préjugés de la maîtresse de la maison trois salutations profondes à la manière de l'ancienne cour, ce qui lui valut un sourire des plus gracieux; puis s'avançant le corps penché en avant et son chapeau sous le bras, il s'informa des nouvelles de madame Lanno et lui remit le billet dont Marie l'avait chargé.

— Qu'est-ce que cela, dit elle en s'efforçant de rougir, et comme sa glace lui apprit que son teint n'avait pas changé, elle prit un ton de dignité sévère. — Qu'est-ce que cela? mon sieur Charles, que signifie ce billet? Ignorez-vous, monsieur, qu'une femme qui se respecte ne doit pas recevoir des mains d'un jeune homme...

—Madame, excusez-moi, interrompit Charles, confus pour elle de l'erreur où sa vanité l'entraînait.

— On pardonne beaucoup à l'inexpérience de votre âge, mais n'en abusez pas, monsieur. Vous m'avez fait en présence de mon estimable ami l'abbé de Boutonillic, une offense...

— Madame, reprit Charles désirant de la détromper, je ne suis qu'un intermédiaire, ce billet vous est écrit par mademoiselle Marie de Kerderf.

Elle se mordit les lèvres et rougit réellement cette fois, moins peut-être de son erreur que de la déception de n'avoir pas reçu l'offense dont elle se plaignait.

—Ah ce billet est de Marie, reprit-elle en dissimulant son embarras par un renfort de minauderies; cette chère enfant ne m'a donc pas oubliée; voyons ce qu'elle me mande. — Ciel est-il possible! Soutenez-moi, mon cher abbé, je crains de me trouver mal.

— Qu'y a-t-il, madame, demanda Boutonillic, oubliant l'effet pour s'enquérir de la cause.

— Vous êtes bien peu galant, murmura-t-elle en voyant qu'il s'emparait du billet au lieu de lui donner des soins, vous êtes bien peu galant, Monsieur Boutonillic, vous me laisseriez mourir avec votre curiosité.

Elle accompagna ce reproche d'un regard langoureux jeté sur sa glace, et dont Charles reçut la moitié.

— C'est fâcheux, dit l'abbé après avoir lu le billet avec une grande tranquillité; c'est très fâcheux pour la famille de Kerderf. — Mais ces gens-là, ajouta-t-il à voix basse sont des créatures de Puisaye, je vous conseille de ne pas vous compromettre.

— Y songez-vous, répondit-elle du même ton, mon Dieu, que vous êtes égoïste.

— Je suis prudent, madame, reprit-il d'un ton piqué; je ne voudrais pas surtout que mes amis devinssent victimes de leur générosité. —Au surplus, que comptez-vous faire?

— Eh c'est-à vous de me le dire! Votre esprit fertile en ressources ne trouvera-t-il pas le moyen de tirer une pauvre femme du plus mortel embarras.—Mon cher abbé, aidez-moi de vos lumières.

—En vérité, madame, cela est fort difficile; à votre place je ne voudrais rien brusquer, il est toujours sage d'attendre.

— Vous êtes un homme désolant, vous n'avez pas la moindre commisération! —Songez que la famille de Kerderf sera amenée ce matin devant M. Lanno, or cette famille est mon alliée; Jean de Kergastio, mon aïeul, était cousin germain de la mère de Louis de Kerderf. Je vous demande s'il est possible d'oublier ce degré de parenté? S'il n'est pas de mon devoir d'employer tous les moyens que j'ai de leur être utile.

En achevant, elle se leva et aperçevant Charles debout au milieu de l'appartement, elle lui fit une légère inclination et le remercia d'avoir apporté le billet. Charles la comprit et se retira avec les mêmes formes qu'il avait mises en entrant.

— Quel est votre projet, madame? demanda l'abbé.

Elle fit un geste d'impatience longuement étudié dans sa glace,

— Ah! Boutonillic, dit-elle, combien peu vous justifiez l'opinion que j'avais de vous; moi qui vous comparais au sage Ulysse, fertile en ressources et en expédiens, comme parle le divin Homère, vous n'avez pas lorsque l'occasion se présente, le plus petit conseil à me donner. — Marianne, ajouta-t-elle en ouvrant une porte au fond, appelez M. Lanno.

Le juge de paix, habitué selon toute apparence à obtempérer promptement aux ordres de sa noble épouse, arriva presque aussitôt avec un empressement peu convenable à sa dignité magistrale et peu en harmonie avec sa configuration. C'était un petit homme ayant soixante ans d'âge et un peu moins en apparence, pourvu d'un gros ventre et d'une quantité raisonnable de graisse, équitablement répartie dans tout son individu; au premier abord on pouvait croire que sa figure avait été traitée à cet égard avec une grande prédilection tant elle présentait une énorme superficie, mais il n'en était rien et cette erreur provenait de l'exiguité de son nez qui figurait pour mémoire à la place que cette éminence occupe d'ordinaire sur tous les visages humains, et de l'habitude qu'il avait prise d'enfler ses grosses joues tremblantes pour se donner l'air important. Une robe de chambre usée en damas fleuri, un bonnet de coton orné d'un ruban feu et des pantoufles en point de tapisserie, composaient depuis longues années son deshabillé du matin. Il entra avec la pétulence d'un enfant qui sort de l'école, les joues bouffies et soufflant comme un marsouin.

—Mon cœur, dit-il, en s'approchant de sa femme qui se recula d'un air digne, paraissant offensée de sa familiarité, j'accours à ta voix qui m'appelle, hé, hé, hé. —Monsieur l'abbé, je vous présente mes civilités matinales.

—Asseyez-vous, monsieur Lanno, répondit la dame en lui indiquant un siége ; j'ai besoin de vous parler.

Le juge de paix n'attendit pas une seconde invitation, et à l'empressement joyeux avec lequel il prit place auprès des nobles personnages on put croire que cet honneur ne lui était pas habituel.

— Monsieur Lanno, reprit la dame après s'être quelque temps étudiée devant sa glace; l'alliance que vous avez contractée avec Amélie de Kergastio, vous a rendu l'allié des premières familles de Bretagne.

— Non pas des plus riches au moins.

—Je vous demande ce qu'il y a de commun entre l'argent et la noblesse. — Écoutez-moi, je vous prie, sans vous permettre ces ridicules interruptions.—Jusqu'à ce moment, vous n'avez pas montré pour la famille où je vous ai fait entrer tout le respect, toute la sensibilité...

— Ma belle Amélie, s'écria le magistrat, vous êtes injuste à mon égard. Avant-hier encore n'ai-je pas donné à votre cousin Coët-Lamour de Kergouallic-Tremeac, cent francs pour payer son loyer et s'acheter une culotte, la sienne étant trop mauvaise pour qu'il pût sortir de chez lui.

— Ces cent francs ne sont qu'un prêt répartit aigrement Amélie de Kergastio, mon cousin est trop délicat.

— Un prêt à fonds perdu, ma chère, car la pauvreté du cousin l'emporte sur sa délicatesse.

— Monsieur Lanno, voulez-vous bien m'écouter. — S'il est vrai que vous êtes sensible à l'honneur d'avoir formé alliance avec une ancienne maison, le moment est venu de le prouver.

— Hélas, mon cœur, dit le juge en soupirant ; si je pouvais croire que cette preuve serait la dernière, Dieu m'est témoin que je la donnerais avec le plus grand plaisir.

—Voici ce dont il s'agit : La famille de Kerderf vient d'être arrêtée ; ce matin même elle est transférée à Auray, et paraîtra devant vous.

— Ma chère épouse, s'écria monsieur Lanno en enflant ses joues deux fois plus qu'à l'ordinaire, qu'allez-vous me demander ?

— J'entends, monsieur, que les Kerderf soient élargis immédiatement.

— Et le moyen, le moyen, ma belle Amélie ?

— C'est à vous de le trouver.

— Mais, songez donc que je n'ai aucun pouvoir, aucune possibilité, d'éluder le sens de la loi ; vous me faites l'honneur de m'entendre.

— Arrangez-vous comme vous voudrez.

— Si les auteurs de leur arrestation, les témoins de leurs délits les accompagnent ; si le crime est patent, prouvé. — Monsieur de Boutonnillic, vous qui connaissez les affaires, démontrez à mon épouse l'impossibilité....

— Je n'ai point caché à madame, que cette affaire présentait d'énormes difficultés...

— Vous voyez bien, ma belle Amélie, ce que dit monsieur l'abbé, reprit le juge, fort de cette approbation. Les Kerderf sont arrêtés, en vertu d'ordres supérieurs, il y a sans aucun doute, mandat d'amener et de dépôt; la procédure entamée, doit suivre une marche régulière; vous me faites l'honneur de m'entendre.

— Vous m'agacez les nerfs, avec votre jargon barbare, s'écria-t-elle, en se renversant sur sa chaise; il serait plaisant M. Lanno, que vous ne fissiez pas à ma sollicitation, et pour des membres de ma famille, ce que vous avez fait si souvent à prix d'argent.

Le juge de paix, souffla plusieurs fois, sans articuler une parole; ce reproche de sa noble épouse, jeté crûment devant un tiers, n'était pas seulement une accusation de malversation et de vénalité; mais un argument péremptoire qu'elle emploirait, pour le contraindre à faire ce qu'elle exigeait. Il essaya néanmoins de présenter quelques raisons dilatoires.

— Ma belle Amélie, le cas est très différent, les affaires dont vous parlez, ne regardaient que le civil, de simples contestations entre des propriétaires, un juge de paix, entendu eut toujours arranger celà, mais ici, c'est un procès criminel ressortissant du jury, et dont le procureur syndic a déjà les pièces en main. Vous me faites l'honneur de m'entendre.

— Je n'entends rien, s'écria la dame, en frappant du pied, je veux que vous m'obéissiez, sinon...

Elle se pencha à son oreille et lui dit quelques paroles qui produisirent un grand effet; car le magistrat, cessant toute observation, promit de sauver les Kerderf, si cela dépendàit de lui.

— Au moins, ma belle petite poule, vous me tiendrez votre promesse, dit-il en lui baisant la main.

La dame se pinça les lèvres, et dit en baissant les yeux :

—M. Lanno, suis-je habituée à vous manquer de parole ?

La porte s'ouvrit doucement, un homme vêtu de noir, fit deux pas dans la salle, salua gravement et s'arrêta. Ce nouveau venu offrait avec le juge de paix, le contraste le plus frappant. Il était aussi long, aussi maigre, aussi sec, que M. Lanno était court, gras et replet. Les pommettes de ses joues, l'arcade zygomatique et les machoires, formaient sur sa figure des saillies aiguës : ses traits étaient beaux, mais sans vie, toute leur activité semblait refugiée dans deux grands yeux noirs, qui brillaient parfois d'un éclat inattendu, et reprenaient aussitôt l'expression morne et froide, de ce sombre visage, étrangement encadré dans une longue chevelure noire ; malgré son extrême maigreur, on jugeait que ses membres avaient été beaux, et ils conservaient encore l'apparence d'une grande vigueur. Ses vêtemens étaient vieux, mais propres, ils montraient la corde dans les endroits les plus exposés à l'usure, et pas une trace de duvet ;

ils étaient même arrangés avec un goût et une sorte de recherche, qui cachaient leur pauvreté, et portés avec l'élégance d'un homme qui a vu le monde. Son âge était problématique : les uns lui donnaient trente ans, d'autres beaucoup plus, d'autres moins, aucun ne le savait au juste, non plus que son origine, car tout était mystérieux dans cet étrange personnage. Arrivé depuis un an à Auray, il occupait la place de greffier, près de la justice de paix, sous le nom de Laurent Lebel, c'était là tout ce que l'on savait de lui, encore le suspectait-on d'avoir caché son vrai nom. L'aspect singulier de cet homme, le secret dont il s'entourait, et qui était resté jusqu'à ce jour impénétrable, sa vie retirée, malgré les pressantes sollicitations qui lui avaient été faites plutôt par curiosité que par intérêt pour lui, tout concourrait à éveiller l'attention, à exciter les conjectures, aussi n'en était-il pas des plus monstrueuses et des plus absurdes qui n'eussent été faites sur son compte. Malgré cela on n'avait rien découvert; seulement des personnes instruites, qui par hasard l'avaient entretenu un moment, s'étaient imaginées à quelques mots échappés qu'il possédait des connaissances variées et étendues, son humeur taciturne n'avait pas permis d'en apprendre davantage. La seule personne d'Auray qu'il ne fuyait pas était Charles. On l'avait vu dans ses promenades s'arrêter quelquefois avec ce jeune homme et causer une heure avec lui. Du reste, celui-ci ne l'en connaissait pas mieux, et il avait eu assez de délicatesse pour n'abuser jamais soit directement ou par des voies détournées de cette faveur qu'il devait à son extrême retenue.

—Madame j'ai l'honneur de vous souhaiter le bonjour. — Citoyen Lanno, il est heure d'audience, vous êtes attendu.

Ces mots dits, il se détourna pour sortir.

— Comment allez-vous ce matin, monsieur Lebel? demanda la femme du juge, qui, comme on le pense bien, n'était pas la moins désireuse de pénétrer le mystère dont s'entourait le greffier, et qui toujours repoussée, revenait toujours à la charge avec cette obstination qui caractérise les femmes. — Vous avez été réveillé de grand matin aussi, vous? — Que dites-vous de cette canonnade?

— Elle annonce un grand combat.

— C'est sans doute une flotte anglaise qui a rencontré la nôtre?

— C'est ce qu'on pense généralement.

— Et vous, quelle est votre opinion?

— Celle de tout le monde, madame. — Citoyen Lanno j'ai eu l'honneur de vous prévenir que vous étiez attendu.

— Je vous suis, citoyen Lebel, répondit le juge en se levant avec effort.

— Monsieur Lanno, n'oubliez pas ce que vous m'avez promis.

— J'ai de bonnes raisons pour me le rappeler, ma poule, la peine et la récompense, hi, hi, hi; vous me faites l'honneur de m'entendre.

La salle d'audience où le citoyen Lanno exerçait une magistrature digne d'un meilleur interprête avait l'aspect nu et délâbré qu'on remarque dans la plupart des justice-de-paix comme si le titre seul de ce tribunal entourrait ses arrêts d'une assez grande vénération pour rendre inutile toute décoration intérieure, ou comme si le titre indiquait nécessairement que celui qui remplit des fonctions de paix doit se borner à vivre dans une pauvreté honorable enfin, quelle qu'en soit la raison, ces tribunaux sont presque toujours fort mesquins, et celui où nous conduisons le lecteur se distinguait de ce côté.

C'était une vaste chambre, dont les murailles complètement nues offraient une collection de toiles d'araignée de toutes sortes. Des bancs de chêne grossièrement fabriqués régnaient autour de la chambre, une rambade à barreaux séparait la partie où siégeait le magistrat de celle affectée au public. Un pupître en frêne, lustré et noirci par le temps, un grand fauteuil en tapisserie, dont la bourre sortait en plusieurs endroits, servait au citoyen Lanno. Le greffier, assis à son côté, écrivait sur une petite table couverte par ses soins d'un morceau de drap vert.

Plusieurs paysans qui attendaient l'heure de l'audience, se levèrent à l'entrée du juge et voulurent lui expliquer tous ensemble le motif qui les amenait, mais l'huissier leur imposa silence, et appela la première cause inscrite. Il s'agissait d'une poule qui avait mangé sur le fumier d'un voisin, celui-ci lui ayant jeté une pierre la poule avait eu les pattes cassées. La partie plaignante réclamait des dommages-intérêts pour la perte de sa poule, la partie adverse refusait, se fondant sur le droit qu'elle avait de chasser tout animal qui mangeait sur son fumier. Cette contestation avait lieu entre deux vigoureux paysans escortés de plusieurs témoins, ce qui fesait pour les deux parties une perte de temps dix fois plus considérable que la valeur de la poule, mais nos deux Bretons étaient également obstinés et il fallait que l'autorité d'un jugement annulât ou confirmât la demande, sans quoi ni l'un ni l'autre n'eût voulu céder. Malheureusement un accident inattendu vint suspendre l'arrêt qui devait rétablir l'union et la concorde entre les voisins.

Un bruit de pas accompagné de quelques cris se fit entendre dehors, la porte s'ouvrit et livra passage au citoyen Kerdelo, suivi bientôt de plusieurs soldats escortant la famille Kerderf. A la vue du municipal, le juge de paix souffla plus bruyamment et plus fort qu'il ne l'avait encore fait, il se renversa dans son fauteuil, les mains jointes sur son gros ventre et fixa les toiles d'araignée du plafond, comme s'il y eût cherché des inspirations. Le greffier, un coude appuyé sur la table paraissait concentré en lui-même et complètement étranger à tout ce qui se passait.

— Bonjour, voisin, comment va la santé dit le père de Charles au juge.

— Merci voisin, et de votre côté?

— Assez bien si ce n'est un peu de fatigue, on ne passe pas impunément, à mon âge une nuit pareille à celle-ci.

— Citoyen Kerdelo, que dites-vous de la canonnade?

— Je ne m'en soucie guère, voisin, entre deux affaires je m'occupe de la plus pressée.

— Vous faite sagement, citoyen.

— Parlons donc de celle qui m'amène. — Voici le mandat en vertu duquel j'ai procédé à l'arrestation de la famille Kerderf, et l'ordre du général en chef de la transférer à Auray. C'est à vous d'agir; ma mission est terminée.

—Que voulez-vous que je fasse? dit le juge après avoir soufflé pendant une minute; quel est leur crime? sur quoi repose la procédure? je n'ai rien à voir ici; vous me faites l'honneur de m'entendre.

— Eh qui donc s'en mêlera? ce n'est pas moi certainement. Chacun son métier. Citoyen, vous êtes juge-de-paix et en cette qualité vous devez interroger les suspects, verbaliser, prendre connaissance des pièces. Tenez, voici un portefeuille trouvé sur Louis de Kerderf que j'oubliais de vous remettre.

Le magistrat mesurant d'un coup d'oeil toutes les difficultés pour ainsi dire insurmontables qu'éprouverait l'élargissement des Kerderf, sentait à regret qu'il fallait y renoncer, lorsque sa femme et l'abbé de Boutonillic entrèrent dans la salle d'audience. La dame en passant pour aller trouver ses parens lui jeta un coup d'oeil qui lui rappela les mots mystérieux dont l'effet avait été si prompt, et il retrouva la même résolution qu'ils lui avaient précédemment inspirése.

— Ce mandat a été décerné en vertu de l'arrêt des représentans Guezno, Guermeur, Brue et Topsent, mais un pareil arrêt est digne à mon avis des plus beaux jours de la terreur. Si on incarcérait tous les parens d'émigrés il faudrait que la moitié des Français se fissent les geôliers des autres, je ne veux pas tremper dans de telles mesures, citoyen; d'ailleurs, je sais de science certaine que le représentant Grenot a suspendu l'exécution de cet arrêté à Rennes, nous pouvons bien en faire autant; vous me faites l'honneur de m'entendre...

— Citoyen Lanno, repartit le municipal dont le mécontentement et les soupçons étaient visibles, vous ferez ce qu'il vous plaira, je n'ai pas le droit de contrôler vos jugemens, mais je vais faire les diligences nécessaires pour me décharger de toute responsabilité. Le procureur syndic de Vannes exercera ses poursuites contre qui les méritera.

— Citoyen Kerdelo, est-ce une menace que vous me faites ? s'écria le juge en soufflant autant d'effroi que de colère ; apprenez, citoyen, que j'ai su me concilier l'estime de tous les honnêtes gens, par la manière dont j'ai rempli mes fonctions, il y a certaines personnes qui n'en pourraient dire autant ; vous me faites l'honneur de m'entendre.

— Citoyen Lanno, parlez plus bas s'il vous plait, ou vous me forcerez à le prendre sur le même ton, je n'aime point les discussions, mais d'autres ont peut-être plus de motifs pour les éviter que moi. Il y a certaines choses qu'on croit bien cachées et qui sont connues, citoyen.

— Je vous le repète, vous ferez ce qu'il vous plaira, mais parmi les prisonniers il y a le fils Kerderf, un émigré rentré, un conspirateur avéré ; vous prendrez, si bon vous semble, la responsabilité de son élargissement, quant à moi j'aurai soin de me mettre en règle.

En achevant il sortit, laissant le juge de paix dans une étrange perplexité, car son désir n'était pas moins grand de condescendre aux volontés de son épouse, mais les difficultés qu'il avait prévues pour annuler les poursuites étaient tout d'un coup doublées par l'intérêt que prenait le municipal à leur continuation, et le digne magistrat ne se dissimulait pas qu'il aurait dans le citoyen Kerdelo un censeur sévère et dangereux de ses actes.

— L'audience est ouverte; huissier faites faire silence.

Et s'adressant au sous-officier que le municipal avait laissé avec six hommes pour la garde des prisonniers.

—Citoyen sergent, qu'avez-vous à dire contre les personnes que vous m'amenez?

— Moi, citoyen juge, je n'ai rien à dire que tout le monde ne sache.

—Expliquez-vous mieux, je vous demande quels sont les crimes en vertu desquels vous les amenez ici. Vous me faites l'honneur de m'entendre.

— Tiens, est-ce que l'on ne sait pas qu'ils sont aristocrates et chouans.

— Sergent, ménagez vos paroles, vous insultez les prisonniers.

— Ah ça, dit le sergent en relevant sa moustache d'un air de mécontentement, qu'est-ce que tu chantes, citoyen juge? Le diable m'emporte si tu n'es pas aussi chouan qu'eux. Mets-les dehors si ça te dit, je ne m'y opposerai pas ni les camarades non plus, ça sort de nos attributions; mais une autre fois on sait ce qu'on aura à faire.

— Vraiment, et que ferez-vous? dit le juge d'un ton captieux.

— La clarinette sifflera désormais un petit air de musique aux oreilles des prisonniers, répondit le sergent en frappant expressivement le carreau avec la crosse de son fusil; ça fera que les juges ne mettront plus en liberté les ennemis de la république.

Le gros homme souffla plusieurs fois d'un air de jubilation :

— Greffier, écrivez ce propos, nous y trouvons plusieurs délits et notamment celui d'offense envers un magistrat dans l'exercice de ses fonctions.

— Écrirai-je aussi les questions que vous avez faites à ce militaire ?

Ces mots furent prononcés par le mystérieux greffier d'un ton qui pénétra jusqu'à l'âme du magistrat, il jeta un coup d'œil sur son subordonné qui se permettait pour la première fois une pareille observation, et rencontra son regard calme et froid fixement attaché sur lui. Un frisson le parcourut, il lui sembla voir sa conscience revêtue des traits de cet homme.

— Nous verrons cela plus tard, répondit-il en balbutiant, je vais m'occuper d'abord de de notre première affaire.

Le greffier comprenant que sa question avait produit l'effet qu'il en attendait, déposa sa plume sans écrire.

— Citoyens, approchez-vous.

La famille de Kerderf vint s'asseoir sur un banc en face de la barre. Madame Lanno placée à côté de Marie lui tenait une main dans les siennes, et parlait avec une grande volubilité, en s'accompagnant des minauderies habituelles dont sa glace n'était pas là par malheur pour lui montrer les agrémens, mais elle s'en dédommageait en se mirant dans les regards de Louis qu'elle ne perdait pas de vue, tout en paraissant seulement occupée de Marie.

— Monsieur Lanno, dit-elle sans s'apercevoir de la sottise qu'elle commettait, vous n'oublierez pas j'espère que Messieurs de Kerderf sont mes parens, et qu'à ce titre ils ont droit à tous vos égards. Je vous rappelle aussi la promesse que vous m'avez faite.

— Citoyenne Lanno, répondit le gros juge qui sentit l'importance que ces paroles donneraient aux soupçons, que sa conduite dans cette affaire allait nécessairement éveiller, et la nécessité pour lui d'en neutraliser l'effet; tous les citoyens sont égaux devant la loi, ils doivent tous être traités avec les mêmes égards.

La considération que vous avez fait valoir ne peut exercer aucune influence sur moi, et quant à la demande que vous m'avez faite de me dépouiller de sentimens patriotiques qui m'animent pour être l'organe impartial de la loi, elle est si simple et si conforme à ma manière d'être qu'il était inutile de me la rappeler.

Amélie de Kergastio indignée de cette réponse allait traiter le magistrat dans l'exercice de ses fonctions comme elle le traitait dans le tête à tête conjugal, mais Marie qui avait compris l'intention du juge arrêta son éclat par une courte explication; malgré cela son amour-propre souffrit cruellement de ne pouvoir relever le manque de subordination dont son mari s'était rendu publiquement coupable envers elle, et elle s'étudia à chercher les poses et les regards les plus propres à faire sentir au digne homme l'orage qui le menaçait.

— Citoyen, quel est votre nom?

— Louis-Jean de Kerderf.

— Votre âge?

— Soixante-quatre ans.

— Votre domicile ?

— Kerderf.

— Cette citoyenne est votre fille ?

— Oui.

— Le mandat lancé contre vous est basé sur un simple arrêté des représentans en mission, mais j'apprends que dans plusieurs localités on en a suspendu l'exécution qui paraissait impossible. Si aucune autre charge ne s'élève contre vous, en mon âme et conscience je ne crois pas devoir donner suite à votre arrestation. Vous me faites l'honneur de m'entendre.

—Parfaitement, monsieur, répondit le vieillard, qui n'osait pas espérer une aussi heureuse conclusion.

—Vous voyez, mon cher cousin, qu'il s'expédie à merveille.

— Ma chère parente, nous ne savons comment vous témoigner toute notre reconnaissance.

— Citoyen, continua le magistrat en s'adressant à Louis, je crois que votre arrestation est le résultat d'une méprise. On vous a pris pour le fils du citoyen Kerderf, sorti de France à l'époque de l'émigration, et je m'aperçois en examinant vos papiers que vous êtes muni d'un passeport sous le nom de André Reboul, négociant, venant de Paris et se rendant à Brest pour les affaires de son commerce. Veuillez me dire si la signature apposée au bas de ce passeport est la vôtre?

— Oui, citoyen, c'est la mienne, répondit Louis avec un joyeux empressement; car il n'eut pas ôsé en appeler à cette pièce pour contester son identité avec le fils de Kerderf, dans la crainte que cette tentative, qui selon lui ne devait obtenir aucun succès, ne servit au contraire à le compromettre davantage. Or c'était une agréable surprise pour le prévenu de voir son juge lui indiquer une excuse qu'il eut dédaigné d'employer.

—Cela étant, comme tout citoyen muni d'un passeport en règle a le droit de voyager comme bon lui semble sur le territoire de la républi-que; si aucun délit ne vous est imputé, votre arrestation devient arbitraire et il est du devoir de tout magistrat de vous rendre à la liberté.

Lorsqu'il achevait de parler, la porte s'ouvrit, et deux bourgeois ceints de l'écharpe municipale, entrèrent sur les pas du citoyen Kerdelo.

— Citoyen, repartit Louis qui ne les aperçut pas, je vous serais obligé de viser mon passeport, afin que je puisse achever tranquillement mon voyage.

— Diable, citoyen Lanno, vous allez vite en besogne, dit l'un des municipaux; est-ce un passeport ou un passeporte que l'on vous demande de signer?

— Commanderai-je une escorte pour conduire ces prisonniers? demanda l'autre municipal.

— Nous n'en avons pas besoin, répondit le juge, dont les joues bouffies étaient pourpres; les personnes traduites devant nous ne sont coupables d'aucuns des crimes ou délits prévus par les lois, en conséquence...

— Vous faites erreur citoyen Lanno, interrompit le père de Charles, je ne suis pas grâce à Dieu terroriste, ni dénonciateur, mais, chargé en ma qualité d'officier municipal, de l'arrestation de ces prévenus, j'en suis responsable devant le général en chef, qui m'a ordonné de les amener ici; quelque délicate que soit ma mission, mon dévoûment à la république me commande impérieusement de la remplir jusqu'au bout...

Son caractère méticuleux l'emportant, il se recula d'un pas et poussa du coude l'un de ses voisins pour l'engager à formuler nettement l'accusation.

— Sans doute, continua celui-ci, l'un des prisonniers est passible du décret rendu contre les émigrés.

— Lequel? nommez-le-moi?

— Eh parbleu! Louis de Kerderf.

— L'individu qu'on m'a désigné sous ce nom, est le citoyen Reboul, ainsi que le passeport dont il est muni l'atteste.

— Eh bien, je vous atteste moi, que ce passeport est faux. Le citoyen Kerdelo est prêt à vous garantir que le soi-disant Reboul, n'est autre que Louis Kerderf, vous devez le retenir jusqu'à ce qu'il fournisse caution.

— S'il en est ainsi reprit le juge, qui, poussé dans ses derniers retranchemens, comprit qu'il ne pouvait plus songer à élargir les Kerderf, sans s'exposer de la manière la plus grave; si l'on m'assure que ce passeport est faux, que le citoyen désigné sous le nom d'André Reboul, est réellement Louis de Kerderf, il sera conduit en prison afin que la procédure soit poursuivie par qui de droit, contre lui et les personnes qui l'accompagnent; vous me faites l'honneur de m'entendre. — Si on me l'eût dit plus tôt, je n'aurais pas été exposé par un sentiment de justice, à mettre en liberté un ennemi de la république.

Madame Lanno jeta sur son mari un regard menaçant, mais la crainte de se compromettre devant les municipaux, l'empêcha de faire un éclat, et elle se contenta de protester par sa conduite, contre l'arrêt du juge de paix, en accablant de témoignages d'amitié et de sympathie, les individus qu'il avait ordonné de constituer prisonniers comme prévenus d'hostilité envers le gouvernement.

Le sergent ne lui laissa pas le temps de prolonger cette scène qui la mettait en évidence, chose qu'elle aimait par-dessus tout, et s'emparant du vieillard et de ses enfans qui passaient depuis la veille par une succession si rapide d'espérances et de déceptions, sans que leur courage en parût diminué; il les fit sortir avec empressement pour les conduire en prison.

X.

Cette journée s'acheva sans incidens qui méritent d'être mentionnés ; la canonnade continuant de se faire entendre, on s'y habitua comme on s'habitue à tout, et la population d'Auray reprit bientôt son train de vie ordinaire, seulement les travaux cessèrent de meilleure heure, car une sorte d'inquiétude se fit sentir à l'approche de la nuit, et l'on éprouvait le besoin de communiquer les réflexions qu'on avait faites en travaillant, de causer de ce combat, dont le bruit terrible ne cessait pas, et de parler aussi de l'arrivée de la famille de Kerderf, et de son incarcération.

Nous passerons sous silence la scène d'intérieur qui eut lieu chez le juge, au sortir de l'audience; la noble dame ne voulant pas déroger à sa dignité en présence de son ami l'abbé de Boutonillic, le citoyen Lanno s'estima heureux d'être quitte pour entendre maudire une millième fois par sa chère épouse, la folie qu'elle avait faite d'accorder sa main à un homme que sa naissance, son caractère et sa personne, rendaient si peu digne d'un pareil honneur; enfin, lorsqu'elle eût épuisé la série de reproches et de mines qu'elle tenait constamment en réserve pour s'en servir à l'occasion, elle le congédia sans façon, et continua de s'entretenir avec l'abbé, des intrigues que faisait naître l'arrivée de l'expédition, et dans lesquelles ils devaient jouer un rôle qui bien que subalterne, n'en serait pas moins actif.

Le lendemain, ceux des habitans à qui le bruit du canon était devenu assez familier pour qu'ils s'endormissent avec lui, l'entendirent encore à leur réveil, mais le plus grand nombre avait passé la nuit sur le Loch, promenade située au sommet d'une colline d'où l'on découvre une étendue considérable, dans l'espérance d'apercevoir quelque chose à l'embouchure de la rivière, ou de recevoir de plus promptes nouvelles; parmi ceux-ci on remarqua Charles donnant le bras au mystérieux Laurent Lebel, dont la vie excentrique se rapprochait pour la première fois des intérêts communs.

Le citoyen Kerdelo s'était retiré de bonne heure, pour se remettre des fatigues de la veille; éveillé au point du jour, il sortit de la maison et se dirigea vers le Loch; en passant auprès de la halle, sise à côté de la mairie, un placard en gros caractères, affiché sur un pilier extérieur, attira son attention, il s'approcha et lut la pièce suivante.

Proclamation. *

« Français, c'est au nom de Dieu et du roi, »que nous venons au milieu de vous... pour»quoi cette sainte religion qui a fait le bonheur »et la consolation du peuple pendant quatorze »siècles, n'est-elle pas rétablie dans toute la »liberté de son culte, et dans la publique pro»fession de ses ministres? n'est-ce pas aux noms »trop souvent profanés de vertu, de justice et »d'humanité, que tous les imposteurs ont »trompé le monde, et que des torrens de sang »ont inondé la terre? nous ne venons pas ré»pandre le sang, mais nous ferons respecter »vos droits, Bretons, et nous repousserons la »force par la force. »

Le citoyen Kerdelo lut plusieurs fois cette proclamation, mais ignorant le débarquement projeté, il ne pouvait comprendre au nom de

* Cette proclamation était extraite du manifeste de Puisaye.

qui elle était faite, qui venait au milieu des Bretons les défendre et les protéger. Il pensa qu'elle avait été fabriquée par quelque royaliste qui profitait du bruit de la canonnade pour répandre la terreur parmi les patriotes, aussi cédant à un premier mouvement, il y porta la main pour la déchirer ; mais, réfléchissant aussitôt que cette action pourrait lui susciter de nouveaux ennemis si on apprenait qu'il l'avait commise, il préféra laisser à un autre le soin d'arracher ce placard, se justifiant d'ailleurs de sa circonspection sur l'utilité qu'il y avait de le laisser, afin que son existence fût juridiquement constatée, et qu'on pût faire les recherches pour en découvrir l'auteur. Il en était là de ses réflexions, lorsqu'elles furent interrompues par un petit coup frappé sur son épaule. Il se détourna avec un frisson et aperçut le gros juge-de-paix, qui le salua en souriant. Après ce qui s'était passé la veille, le municipal n'augura rien de bon de la gaîté du citoyen Lanno, et ne sachant ce que celui-ci lui voulait, il attendit prudemment qu'il lui adressât la parole.

—Bonjour, citoyen Kerdelo, dit le magistrat, après avoir soufflé pour reprendre haleine, que regardez-vous donc si attentivement ?

—Voyez vous-même, voisin ; une affiche s'adresse à tous.

Celui-ci y jeta les yeux, et sans manifester le moindre étonnement, il demanda d'un ton sournois :

— Eh bien ! qu'en dites-vous ?

— Vous même, voisin, qu'en dites-vous ? répondit le père de Charles.

— Moi, citoyen Kerdelo, ma foi... je ne dis rien.

— Ni moi, citoyen Lanno.

— Quand je dis rien, reprit le juge, c'est une manière de parler, car...

— Car, répéta le municipal intrigué de cette retenue.

— Oui, pour moi, ça m'est à peu près égal, car dieu merci, j'ai rempli mes fonctions, avec assez de probité, pour avoir acquis l'estime de tous les partis; mais, citoyen Kerdelo, tout le monde n'est pas dans ce cas; vous me faites l'honneur de m'entendre.

— Pas le moins du monde, citoyen, à moins pourtant, que vous ne vouliez faire allusion à l'affaire d'hier matin, dans laquelle vous n'agissiez pas tout-à-fait, comme l'exige votre serment.

— Précisément, c'est à l'affaire d'hier matin, que je voulais faire allusion, et à beaucoup d'autres où vous avez joué un rôle... vous me faites l'honneur de m'entendre.

— Citoyen, il y a quelqu'un qui a joué dans cette affaire un rôle assez peu honorable; mais ce n'est pas moi, citoyen.

— Fort bien, citoyen Kerdelo, glorifiez-vous à votre aise, dites partout, si bon vous semble, que vous êtes l'auteur de l'arrestation des Kerderf, vous n'aurez pas long-temps, peut-être, à jouir de votre triomphe, et personne ne vous l'enviera... Vous me faites l'honneur de m'entendre.

Le municipal blêmit, sa voix fut légèrement émue.

— Il n'y a point de gloire à s'acquitter de ses fonctions fidèlement, c'est le devoir du citoyen, aussi, je ne me vanterai pas d'avoir arrêté les Kerderf, et je fais des voeux pour qu'ils soient mis en liberté, si la sûreté du gouvernement le permet.

— Il est probable que vos voeux seront promptement exaucés, répliqua le juge, avec un gros rire qui empourpra ses grosses joues; exaucés et dépassés, car je crois bien que d'autres prendront leur place.

— Vraiment! citoyen Lanno, demanda le municipal que la peur travaillait déjà.

— Oui, d'autres qui ne s'y attendent guère; vous me faites l'honneur de m'entendre.

— Eh bien! nous verrons reprit Kerdelo, en affectant l'indifférence; à chacun selon ses œuvres.

— C'est de toute justice, citoyen. — Ne remarquez-vous pas une singulière concordance, entre le combat naval et la proclamation que nous avons sous les yeux ?

— Je n'y vois rien de plus qu'une plaisanterie royaliste.

— J'y vois autre chose, citoyen.

— Vous portez lunettes, il n'est pas étonnant que vous ayez la vue claire.

— Cela est utile quelquefois, dit le juge avec intention ; qui voit loin agit sûrement, il est des choses qu'on n'eût pas faites la veille si on avait prévu ce qui arrive le lendemain. Vous me faites l'honneur de m'entendre.

— Suis-je dans ce cas, citoyen ?

— Je ne l'ai pas dit, je ne me mêle jamais des affaires des autres, c'est une règle de conduite dont je ne m'écarte pas, je parlais en thèse générale.

L'expression qu'il mit dans ces mots, convainquit le municipal du contraire, une vive inquiétude le saisit, mais il s'efforça de conserver son sang-froid.

— Vous disiez donc tout à l'heure, qu'il y avait une singulière analogie, entre la canonnade et cette proclamation, pensez-vous qu'elles aient une même cause ?

— Analogie de temps, mais non de cause ni d'effet, repartit le juge en riant en dessous.

— Je pense que vous allez prendre vos mesures, pour constater l'existence de ce placard séditieux et en rechercher l'auteur.

—Je n'en ferai rien, citoyen.

— Citoyen Lanno, jusqu'à ce jour vous vous êtes montré, malgré votre alliance avec une famille royaliste, sincèrement républicain; d'où vient que depuis hier vous n'êtes plus le même.

—Citoyen Kerdelo, il est utile de voir loin.

— Possible, dit le père de Charles, qui parvint difficilement à conserver son aplomb; mais en regardant trop loin on s'expose à voir dans la brume, et — ce n'est pas une menace.

— Mais enfin, citoyen Lanno, vous n'êtes pas inamovible.

— Nous verrons lequel des deux, s'est conduit hier avec plus de sagacité, citoyen Kerdelo; les plus grands événemens ne sont pas ceux qu'on a prévus; le malheur et la fortune viennent souvent sans s'être annoncés... Vous me faites l'honneur de m'entendre.

En disant ces mots: il souffla bruyamment et prit le chemin du logis, s'applaudissant de l'inquiétude où il laissait le citoyen Kerdelo, juste vengeance à son gré, des entraves que le municipal lui avait suscitées la veille.

Celui-ci en effet, était d'autant plus disposé à craindre les malheurs que le citoyen Lanno lui avait présagés, qu'il le voyait s'applaudir de sa conduite de la veille, conduite dont en toute autre circonstance il se fut abstenu de parler, s'il n'eût pas même cherché à la justifier; mesurant la prudence d'autrui, par sa propre circonspection, il jugea aux propos du magistrat qu'un événement tout-à-fait anormal était sur le point d'éclater, et bien qu'il cherchât vainement de quelle nature il pourrait être, un grand mouvement royaliste lui paraissant impossible dans l'état actuel des choses, il n'en conçut pas moins de vives inquiétudes, et ne trembla pas moins fort que si le malheur vague dont on le menaçait était sur le point de l'atteindre sans moyens de s'en préserver. Plein de cette pensée, il se dirigea en toute hâte vers le Loch, pour y chercher des nouvelles. En traversant pour y arriver, la rue où s'élevait jadis la magnifique tour de la chapelle Notre-Dame, il rencontra son fils qui en revenait.

— N'as-tu rien appris, mon Charles? demanda-t-il, d'un ton qui trahissait l'état où il se trouvait.

— Rien, répondit Charles avec surprise; mais qu'avez-vous mon père?

— Ce que j'ai, ce que j'ai, répéta-t-il en soupirant, et ne pouvant formuler nettement la cause de son trouble, il leva les yeux au ciel et dit d'un ton pathétique :

— Ah! Charles! à la veille d'un pareil événement!

— Lequel? demanda Charles, de plus en plus surpris.

— Lequel! ah! oui, lequel! voilà justement la question.

— Vous m'effrayez, mon père, j'ignore tout-à-fait quel est cet événement.

— Et moi aussi, je l'ignore, s'écria le municipal, d'un ton qui eût fait rire tout autre que son fils ; c'est là précisément ce qui m'effraie le plus ; comment parer une botte, quand on ne voit pas la main qui tient l'épée.

— Qu'est-il arrivé ? au nom de Dieu, ne me laissez pas plus long-temps dans une pareille incertitude.

— J'y suis bien, moi, pourquoi veux-tu en sortir ?

— Si en la partageant elle se divise entre nous, je serai heureux d'avoir allégé votre part.

— Du tout, cela n'y fait rien, tu ne me comprends pas. — Un événement que j'ignore est sur le point d'arriver, il suscitera des malheurs que je ne saurais préciser, et me sera funeste je ne sais de quelle manière ; mais il est trop certain que cet événement arrivera, que des malheurs le suivront, et que je suis un homme perdu.

Charles concevant de vraies inquiétudes

pour la raison de son père le regarda fixement, mais il se rassura en voyant que sa figure n'indiquait rien d'une aliénation mentale, mais s'accordait au contraire par son expression d'effroi avec la terreur que manifestaient ses paroles. En conséquence il lui demanda une explication et le municipal lui raconta presque textuellement la conversation qu'il venait d'avoir avec le juge de paix. Charles qui était au courant des conspirations royalistes comprit aussitôt ce dont il s'agissait, mais ignorant l'expédition projetée, il pensa que le juge de paix s'abusait le premier et que l'événement annoncé était encore éloigné, en supposant qu'il arrivât, chose qui paraissait douteuse, puisque tant de personnes en étaient informées. Il essaya donc de calmer les appréhensions de son père, et les raisonnemens dont il se servit paraissaient produire l'effet qu'il en attendait, quand en arrivant sur la place, un spectacle inattendu réveilla avec plus de fondement toutes les terreurs du vieillard, et ne lui permit plus à lui-même de traiter de chimériques les prophéties du juge de paix. Un groupe d'hommes et de femmes portant des cocardes et des rubans blancs! entourait plusieurs cavaliers vêtus de l'uniforme des chasseurs chouans. L'un d'eux lisait à haute voix une proclamation qu'il termina par le cri de : Vive le roi, l'Angleterre et Bonchamps! La foule qui l'écoutait poussa le même cri, et les cavaliers piquant leurs chevaux se dirigèrent vers un autre quartier de la ville pour y répéter sans doute la même scène.

Le municipal, les bras pendans et l'œil fixe, semblait soudé à la place où il s'était arrêté, car tous les désastres qu'il avait craints, lui paraissaient par ce fait seul confirmés. Il fallait en effet, pour expliquer l'audace que montraient les royalistes, en lisant une proclamation séditieuse, en plein jour, au milieu d'une ville occupée par une garnison républicaine, et presque à la porte de la maison commune où un corps de garde était établi, il fallait qu'un événement d'une nature grave fût sur le point d'éclater, et que le parti royaliste se sentît vigoureusement appuyé pour attaquer de front la puissante république victorieuse sur tous les points.

Charles eut à peu près la même pensée que son père ; néanmoins il ne considéra pas cette affaire sous un jour aussi grave ; car initié à toutes les conspirations qui avaient eu lieu en Bretagne depuis celle de la rouerie, il savait combien les conspirateurs s'abusent quelquefois sur leurs forces et leurs moyens, et luttent avec désavantage contre un gouvernement établi de quelque nature qu'il soit. Il fut donc porté à croire que cette affaire n'était qu'une échauffourée, ou un coup de tête de quelques jeunes gens qui voulaient narguer les autorités, et il parla dans ce sens au vieillard, tout en se dirigeant vers le groupe royaliste, pour y prendre des informations.

Le municipal en traversant la place jeta un coup d'œil sur la maison du juge de paix, et il aperçut le gros magistrat appuyé sur sa fenêtre qui le salua d'un air moqueur, et lui fit signe avec ses doigts.

— Charles, s'écria-t-il, c'en est fait, je suis un homme perdu.

— Mon père, calmez-vous, je vous assure que ce n'est rien.

—Je suis perdu, te dis-je, je ne puis en douter. Ce gros Lanno m'a fait les cornes.

— L'insolent, dit Charles, voulez-vous que j'aille lui parler.

— Garde-t'en bien, s'écria le municipal en prenant le bras de son fils; il est assez notre ennemi, ne l'aigrissons pas dans un pareil moment. — Le scélérat me fera guillotiner, cela est sûr, je n'aurai évité la terreur de Robespierre que pour être victime de ce nouveau Marat.

— Le citoyen Lanno peut avoir quelques griefs contre vous, mais il n'est pas un méchant homme; d'ailleurs je vous répète que nous n'avons rien à craindre. — Citoyen, continua Charles en s'adressant à un individu qui sortait du groupe, que se passe-t-il? que vous a-t-on lu?

Celui-ci portait un ruban blanc autour de

son chapeau et un autre à sa boutonnière, il jeta un coup d'œil de côté sur le municipal en lui faisant une grimace et parlant à Charles sur un ton confidentiel.

— Comment, vous qui êtes des nôtres, vous ne savez pas la nouvelle? C'est fini des patriotes et des bleus; vive le roi, l'Angleterre et Bonchamps!

— Mais que se passe-t-il?

— Eh bien, le combat que nous avons entendu a été livré par une flotte anglaise à l'amiral Villaret, les vaisseaux de la république ont été mis en déroute, l'escadre anglaise a mouillé dans la baie de Quiberon et le débarquement s'effectue à l'heure où je parle.

— Est-il possible? s'écria Charles.

Le ton de surprise dont il prononça ces mots fut pris par l'autre pour une exclamation de joie.

— Si possible que c'est vrai. Avant ce soir vous verrez les troupes royales entrer à Auray. Les terroristes et les administrateurs vont la danser belle, ils iront à leur tour où ils ont mis tant d'honnêtes gens. — Monsieur Charles, les gros sous du bonhomme vous appartiendront bientôt.

Il lui serra la main et s'en alla en courant.

Quoique Charles n'ajouta pas une foi entière à la nouvelle qui venait de lui être apprise, il en avait vu assez néanmoins pour croire qu'une grande crise était sur le point d'éclater. Prenant le bras de son père sans lui faire part de rien, il l'entraîna vers leur maison. Lorsqu'ils étaient sur le point d'y entrer, un tambour battant la générale se fit entendre dans l'éloignement ; un autre tambour résonna en même temps dans une direction opposée ; mais celui-ci battait la charge et quelques instans après, le père et le fils qui s'étaient arrêtés d'un commun accord, virent arriver en désordre la compagnie du capitaine Clément, suivie d'un détachement d'artilleurs occupant les batteries de côte. Tous les doutes de Charles disparurent, il était évident, puisque ces troupes se repliaient sur Auray, qu'un débarquement venait d'avoir lieu et qu'elles avaient été chassées des positions qu'elles occupaient.

— Vois-tu, vois-tu, murmura le vieillard, c'en est fait de nous. Où nous réfugier, mon Dieu !

L'un des municipaux que nous avons vu la veille chez le juge de paix, sortit d'une maison voisine, décoré bravement de son écharpe tricolore et accourant à eux d'un air où l'empressement dominait beaucoup l'effroi.

— Eh bien, dit-il, vous savez que les émigrés sont débarqués à Quiberon, s'il plaît à Dieu nous allons en voir de rudes et les aristocrates aussi. Que de combats, que d'affaires, que de bruit! C'est le cas ou jamais de montrer son patriotisme.

— Vous avez parlé d'un débarquement d'émigrés? demanda le vieillard avec consternation,

— Comment, vous ne savez pas! Notre flotte a été battue par les Anglais, et une armée d'émigrés vient de s'emparer de Carnac, il est probable qu'ils marcheront bientôt sur nous.

— Nous sommes perdus, morts, assassinés.

— Diable, comme vous y allez! S'ils nous avaient, cela pourrait bien arriver, mais ils ne nous tiennent pas encore.

— Comment nous sauver!

— Attendez donc, avant de se sauver il faut savoir quels risques on court. Si nous sommes assez forts nous leur montrerons les dents, si non enfourche le bidet et bonsoir la compagnie. — Au surplus c'est le parti qu'on prendra, car on parle de dix à quinze mille hommes sans compter les chouans qui leur arrivent de tous côtés.

— Mon Dieu, quelle calamité! Et penser que si l'on parvient à sauver sa vie, il faudra laisser ses meubles, ses effets au pillage.

— Je vous conseille de vous plaindre, qu'avez-vous à perdre, vous? quelques vieux meubles disloqués, des fatras qui ne valent pas cent écus, car tout votre avoir est en bonnes terres au soleil, tandis que moi j'abandonne ma boutique avec mes marchandises. N'importe je n'en serai pas moins patriote, et je haïrai davantage les nobles, les calotins, les chouans et toute la clique de ci-devants. —Et puis, citoyen Kerdelo, vous ne courez pas grands risques, le fils Charles a des amis qui pourront vous protéger.

—J'ai peut-être des amis parmi les royalistes, mais non des protecteurs. S'il faut se battre, citoyen, vous me verrez à vos côtés.

— Allons, c'est bien; celui qui prend parti au moment du danger est un ami sur lequel on peut compter. — Citoyen Kerdelo, l'administration va s'assembler à la commune, y venez-vous avec moi?

— Dans une minute; j'ai deux mots à dire à mon fils.

— Pressez-vous, car tout le corps municipal doit assister à la délibération.

Dès qu'il fut parti, le citoyen Kerdelo entra avec son fils dans une salle basse, dont l'ameublement mesquin n'était pas de nature à inspirer, d'une part, une grande convoitise, ni de l'autre de grands regrets ; et se jetant sur une chaise d'un air accablé.

— J'ai vécu long-temps, j'ai éprouvé des contrariétés et des malheurs de toutes sortes, mais je ne m'attendais pas à voir un jour tant de désastres m'accabler. La terreur n'était rien auprès de cela, car je l'avais prévue de longue main, je m'y étais préparé. Elle frappait les grands et je m'étais fait petit, les riches et je m'étais fait pauvre, les modérés et je m'étais fait sansculotte. Lorsqu'elle a cessé, j'ai applaudi aussi fort que ceux qui criaient contre elle, car je ne la détestais pas moins, mais je ne le montrais pas de peur de paraître anarchique; je suis un homme d'ordre, respect aux lois avant tout. —Eh bien ! cette sagesse ne me servira de rien, il faut qu'un événement... Eh! qui pouvait prévoir cela... Si une autre révolution allait s'effectuer !... Les propriétés vendues par la nation seraient rendues sans doute à leurs anciens maîtres... Et le remboursement !... S'il était fait encore à la valeur nominative des assignats... mais point, on calculera leur valeur exacte, à l'échelle de proportion... C'est fini de nous, pillés, ruinés, perdus...

— Mon père, les malheurs que vous prévoyez n'existent encore que dans votre imagination, pensez-vous que la république qui a triomphé de toutes les armées étrangères, ne saura pas se défendre contre une pareille invasion.

— Sans doute, avant qu'ils n'arrivent à Paris, on pourra réunir des troupes, leur livrer bataille, les battre peut-être ; mais serons-nous moins à plaindre, nous chez qui ils auront passé ? Si nous sommes pillés, nous remboursera-t-on ? Si nous sommes tués...

—Pour Dieu, mon père, remettez-vous ; en exagérant le danger on se met hors d'état de s'en préserver.

— Est-ce ma faute, si j'ai peur ! s'écria le municipal, crois-tu d'ailleurs que je suis le seul qui tremble ? Si j'avais autant de mille livres de rente qu'il y a maintenant de gens effrayés dans Auray... Mais qu'en ferai-je, s'ils me tuent.

— On vous a prévenu que l'administration est assemblée à la commune, peut-être va-t-on prendre des mesures efficaces...

— Elles seront jolies, leurs mesures. Le corps municipal est composé de têtes chaudes, de vrais brouillons qui voudront faire face à l'ennemi... Ils auront le dessus, c'est sûr, et les gens sages seront compromis avec eux. Quelle folie j'ai faite en acceptant ces fonctions, elles sont cause de tous mes malheurs.

— Vous savez pourtant que le citoyen Keravel a parlé d'une évacuation.

— A-t-il dit cela? je ne l'ai pas entendu.

— Je puis vous l'attester.

— Keravel est un des plus chauds, s'il en est là, nous aurons bon marché des autres. Je vais me rendre à la commune; mon vote pourra influencer.

Il prit son chapeau et se disposa à sortir:

— Charles, descends dans la cour et vois si la cariole est en bon état; fais bien manger les chevaux, afin qu'ils aient le pied sûr ; ces pauvres bêtes, il faut en avoir bon soin. Nous emporterons le plus d'effets que nous pourrons; nous en laisserons toujours assez, toujours trop à ces misérables pillards. Tu mettras en paquets les draps, les nappes et les serviettes ; c'est de bon linge, mon fils, il doit avoir un double prix à tes yeux, car ta pauvre mère l'a filé. Nous avons aussi quelques bons matelas et des couchettes qui valent bien quarante écus, il faudra les emporter. Il y a encore une cinquantaine de vieilles bouteilles; n'oublie pas le vin, Charlot, c'est la consolation de l'homme. — Pense à ma garde-robe, à celle de ma bonne défunte, que je conserve pour ta femme; et mes papiers, fais-en des liasses bien soigneusement. — Si tu pouvais également trouver place pour mon vieux bureau, c'est un ancien meuble de famille que j'ai reçu de mon grand-père. Mon lit aussi, j'y suis bien attaché, ainsi qu'à mes chaises en velours d'Utrech, quoiqu'elles commencent à s'user, mais elles sont garnies de bon crin.

— Veille à tout, choisis le meilleur; les casseroles en cuivre étamé ont aussi une certaine valeur... Ah, j'oubliais notre armoire de bois des îles, c'est une belle pièce qui vaut son prix... Quant à mon coffre, je m'en charge, cela me regarde seul, ne t'en mêle pas, mon petit Charles, tu auras bien assez à faire... Allons, adieu; appelle Marguerite pour t'aider; adieu, mon fils; prends soin de tous les objets que je t'ai recommandés, et des autres si tu peux.

Il fit quelques pas, s'arrêta un moment pour chercher s'il n'avait rien oublié, et se décida à partir.

Resté seul, Charles, par respect pour les volontés de son père, s'occupa des soins dont il l'avait chargé, mais il ne s'en acquitta pas avec le zèle qu'on met à un ouvrage qui intéresse, et il oubliait fréquemment les liasses de papier et les paquets de linge pour regarder ce qui se passait dans la rue, et se livrer aux réflexions qu'éveille nécessairement dans une jeune ame tout grand événement politique, quand surtout il réagit d'une façon plus ou moins directe sur les affections intimes. Or, Charles, avec cet égoïsme de l'amour qui rapporte tout à soi, mettait en seconde ligne l'influence que la décente d'émigrés pourrait exercer sur les destinées de la France, et il envisageait d'abord celle qu'elle aurait sur les siennes et celles de Marie. Il n'osait pas espérer, encore moins croire, qu'un jour il obtiendrait sa main. La naissance et les opinions mettaient entr'eux une barrière insurmontable ; d'ailleurs, rien ne lui garantissait que si Marie avait le choix, elle le fît tomber sur lui, mais l'amour n'a pas besoin de réalités pour vivre, il naît dans le cœur comme les ronces sur un sol pierreux, sans alimens et sans culture : et Charles, dominé complètement par la puissance de cette passion, s'y laissait aller sans forces pour la combattre. Une pensée lâche lui traversa l'esprit, il regretta de ne s'être pas jeté dans le parti royaliste : un moment même, il se demanda peut-être s'il n'était pas temps encore ; mais il repoussa cette idée avec indignation et honte, car les hommes que leur naissance ou leurs sympathies avaient appelés dans cette cause lui paraissaient mus par un trop noble dévouement pour qu'il ne rougît pas de se mêler à eux sans être pénétré de la foi qui les animait. D'ailleurs, sile parti républicain ne lui offrait pas les mêmes chances de plaire à Marie, en combattant avec la cocarde qu'elle aimait, sous les yeux de ses parens; ne lui permettait pas de lui offrir ses succès ou ses revers, de partager ses espérances ou ses craintes; en revanche ils pourrait lui fournir de nombreuses occasions de lui être utile, de conquérir sa reconnaissance. — Ce sentiment qui cache si souvent l'amour. — A force de dévouement pour elle, de services rendus à ceux qu'elle chérissait.

Ces réflexions qu'il mêlait depuis plusieurs heures aux occupations dont son père l'avait chargé, furent interrompues par un roulement de tambour à la porte de leur maison. Il se mit à la fenêtre et vit le crieur public, entouré d'une grande foule, qui se préparait à lire un arrêté de la municipalité. Dans les circonstances présentes tout ce qui émanait de l'autorité offrait aux deux partis un intérêt presque égal, aussi la foule fit silence pour écouter ce qui suit :

« Arrêté des corps constituans de la ville » d'Auray, le citoyen Bonnin, commandant » la force armée, présent.

» Considérant que les Anglais ont mis dans » le jour à terre sur les côtes de Carnac, une » force considérable qui peut investir Auray » de moment à autre, les postes de la côte » ayant été forcés de se retirer et d'abandon- » ner les batteries ; que le général Josnet a » fait replier le poste de Landevant sur Hen- » nebon ou Lorient, ce qui laisse cette place » à découvert de toutes parts ; que le détache- » ment de cent cinquante hommes envoyé ce » matin à Vannes y porter avis de la descente » des Anglais et de la position de ce district, » n'est point encore de retour ; que la route de » Vannes est obstruée au lieu du Pont-Sol, de » manière que la ville d'Auray dont la garni-

» son n'est dans ce moment que de deux cents » hommes, n'a l'espoir d'être secourue d'au- » cun côté ;

» Considérant que le citoyen Bonnin vient » de déclarer qu'il se voit obligé d'évacuer » sur Lorient, et que la lettre du général Jos- » net à l'adjudant - général Champeaux ne » change rien à cette disposition ;

» Considérant que cette évacuation laisse la » commune, le district, l'artillerie, les armes, » les munitions, le trésor, les caisses, les pa- » piers, etc., etc., exposés au pillage et à la » fureur de l'ennemi.

» Arrête de suivre la force armée, emme- » nant tous les objets dont il vient d'être parlé, » pour le tout être déposé à Lorient.

» Fait en la municipalité d'Auray, le 9 mes- » sidor an 3 (27 juin 1795). »

Cet arrêté des corps constituans répandit la stupéfaction chez les patriotes et la joie chez les royalistes. L'évacuation de la ville qui laissait les premiers exposés aux vengeances de leurs ennemis, prouvait aux seconds l'importance qu'on attachait au débarquement, et leur donnait les plus heureuses espérances; car ils s'attendaient à voir toutes les municipalités suivre l'exemple de celle d'Auray et se retirer devant l'armée royaliste, la laissant continuer sans obstacles sa marche triomphale jusqu'à la capitale. Aussi les cris de vive le roi, à bas les patriotes, les jacobins, et les terroristes, éclatèrent aux oreilles des républicains qui pouvaient juger par les dispositions actuelles des royalistes, le traitement qui les attendait lorsque ceux-ci ne seraient plus contenus par la présence des soldats, car il n'y avait pas seulement entre la plupart de ces hommes, cette hostilité résultant de fréquentes disputes et de discussions politiques, mais des haines véritables prenant leur source dans des rivalités de commerce et d'intérêts, des différends de voisinage et de parenté, qu'avaient aigri la diversité d'opinions et qui se couvraient du masque de la politique pour se manifester à l'aise. La terreur dont tous les patriotes avaient été saisis à l'annonce du débarquement, augmentée encore par cet arrêté de la municipalité, leur enlevait toute énergie, et ils n'osaient pas même répondre aux insultes de leurs ennemis. La plupart d'ailleurs étaient occupés de plus pressans intérêts. Le soin de leur sûreté ne leur permettait pas de demeurer dans la ville après l'évacuation des autorités, et il fallait en quelques heures qu'ils fissent les préparatifs nécessaires, pour sauver avec eux leurs effets les plus précieux. On conçoit facilement l'agitation qui régnait en ce moment dans la petite ville d'Auray ; d'une part c'était les royalistes parcourant les rues en poussant leurs cris de victoire, courant d'une maison à l'autre pour se féliciter, s'organiser et se préparer à recevoir leurs partisans ; de l'autre les patriotes cherchant des moyens de transports, emballant leurs effets, les chargeant sur des voitures, louant à haut prix des chevaux qu'ils étaient obligés de garder à leurs portes, de peur qu'on ne les enlevât, et parmi ce tumulte, cette triste confusion, on entendait les cris des femmes, les sanglots des enfans, et les aboiemens des chiens qui se mêlaient au bruit, augmentaient la confusion, et donnaient à cette scène un caractère de désolation complète.

Deux heures après, la ville offrait le singulier spectacle d'une population divisée d'intérêts et d'opinions, dont une partie fuyait aux acclamations de l'autre. Une file de charrettes chargées de meubles et d'objets de toute espèce, des canons, des voitures, des cavaliers et piétons, marchant pêle-mêle sous l'escorte de quelques soldats, dans la confusion d'une déroute ; ceux trop pauvres pour payer des moyens de transports ou qui n'avaient pu s'en procurer à prix d'argent, pliaient sous d'énormes fardeaux, ayant consulté plutôt le désir de sauver leur bien, que leurs forces et la longueur de la route. On voyait des mères entourées d'enfans qui pleuraient, et portant leurs plus petits sur leurs bras, des vieillards s'appuyant sur un bras charitable ou se laissant traîner derrière une voiture, des malades ou des infirmes, reçus par pitié sur une charette chargée de marchandises, d'où ils couraient risques de tomber au premier cahos.

Les royalistes réunis pour le départ des émigrans formaient une haie de chaque côté de la rue, comme au passage d'une procession, jouissant de l'humiliation des républicains qui les avaient long-temps vexés, et sur lesquels ils triomphaient à leur tour. Aussi, comme les vainqueurs de l'antiquité, ils faisaient passer leurs ennemis vaincus sous les fourches caudines, leur prodiguant les injures et les railleries, prenant plaisir à augmenter par leurs menaces la terreur dont la plupart étaient saisis.

XI.

La fin de cette journée fut passée en réjouissances à Auray. La majeure partie de la population s'était portée sur le Loch, d'où l'on découvrait les mouvemens qui avaient lieu dans la campagne, et à chaque instant, des individus qui arrivaient de la côte, venaient augmenter l'enthousiasme par leurs récits exagérés. Disposé comme on l'était à accueillir toute bonne nouvelle, on ajoutait une foi entière à ces récits, saus prendre la peine de juger s'ils n'étaient pas démentis par le simple raisonnement, de sorte qu'avant la fin du jour, l'expédition avaient acquis dans l'opinion des gens d'Auray, une importance qui montrait jusqu'à quel point, on croit avec facilité les choses qui flattent nos désirs. Ces exagérations, tout-à-fait consciencieuses, étaient cependant d'une véritable utilité, car elles avaient le double avantage de répandre parmi les royalistes cette confiance en leurs forces qni est le présage presque certain du succès, et de frapper les républicains d'une salutaire terreur, qui leur ôtaient même jusqu'à la pensée de résister à cette terrible invasion. Ainsi la ville de Vannes, distante de quatre lieues d'Auray, avait reçu presque en même temps le contre coup de ces nouvelles, propagées par les royalistes qui formaient la majorité, et les républicains, pénétrés du même effroi que ceux d'Auray, songeaient comme eux à évacuer devant l'armée d'invasion. La garnison dans ce moment critique était réduite à deux cents hommes, le surplus étant en tournée avec le général Josnet et le représentant Brue.

Tout semblait donc se déclarer en faveur des émigrés, et ceux même dans leur parti qui étaient le moins disposés à concevoir de chimériques espérances, en voyant l'impression que le débarquement produisait chez les patriotes, la faiblesse d'une armée divisée en cantonnemens, l'inertie des autorités qui faisaient sourdement cause commune avec eux ou craignaient une trahison dans le gouvernement; les royalistes les plus sages ne doutaient pas qu'en peu de jours les provinces de l'ouest ne fussent en pleine insurrection, et de là, il n'y avait qu'un pas à une contre-révolution. —Eh bien, cette expédition si heureusement favorisée, qui battait une flotte, débarquait sans obstacles aux acclamations d'un nombre prodigieux d'amis et de partisans; qui voyait fuir ses adversaires devant elle, et n'avait qu'à se montrer pour les disperser et les vaincre; cette expédition fut entravée par des obstacles mesquins, de basses tracasseries et de cruelles trahisons; car ses plus grands ennemis elle les portait avec elle; ses plus terribles adversaires furent des hommes qui concouraient au même but et partageaient les mêmes principes. Puis vint un homme, Lazarre Hoche, dont le génie surmontant tous les obstacles de sa difficile position, profita des fautes que ses ennemis avaient commises avant qu'ils pussent les réparer; mais malgré l'activité prodigieuse du jeune général, son sang-froid imperturbable, sa justesse de vues et sa rare intrépidité, qui oserait dire qu'il fût sorti vainqueur de cette lutte, si ses adversaires ne lui eussent pas laissé le temps de l'engager, s'ils l'eussent surpris, général sans armée.

Le lendemain de l'évacuation d'Auray, la famille de Kerderf déjeunait avec madame Lanno et l'abbé de Boutonillic, quand deux cavaliers s'arrêtèrent devant la maison; un moment après, la porte fut ouverte par Tinténiac, qui entra accompagné d'un autre chef royaliste.

— Le ciel soit béni, dit le premier en se jetant au cou de Louis, je te retrouve en bonne santé! Je n'ai pas eu un moment de repos depuis que j'ai appris votre arrestation; je voulais marcher en avant, mais des nécessités que tu comprends me retenaient au quartier-général.

— Je te reconnais bien, répondit Louis en lui serrant la main; qu'importent les individus quand il s'agit de la cause. — Monsieur le comte de Boisberthelot, continua-t-il en s'adressant au compagnon de Tinténiac, après les circonstances critiques où nous nous sommes trouvés, nous ne pouvions pas nous revoir dans un plus heureux moment.

—Chevalier, dit le vieux noble, qu'avons-nous fait? qu'allons-nous faire? Nous avons reçu de si favorables nouvelles que j'ai vraiment besoin de les entendre confirmer de votre bouche pour me livrer à toute la joie qu'elles font naître.

— Auray nous appartient, dit Louis, mais pourquoi ne l'occupe-t-on pas ?

— Boisberthelot y entrera ce soir, je me porterai sur Landevant et le comte de Vauban se tiendra à Mendon pour défendre celle de ces positions qui serait attaquée.

— A merveille, dit le vieux seigneur, marchons sans perdre de temps, culbutons-les avant qu'ils puissent se reconnaître.

—Tel est le plan du comte. Il veut d'abord s'assurer de la presqu'île de Quiberon en s'emparant du fort Penthièvre, puis marcher sur Rennes en soumettant Auray, Vannes, Hennebon et les postes intermédiaires; une fois maîtres de Rennes, notre armée, grossie de tous les royalistes qui nous attendent, se portera sur la Mayenne, et là, maîtres de toute la ligne de l'Ouest, nous combinerons nos mouvemens avec ceux de Charette, Stofflet et Scepeaux. Le prince de Condé avec toutes ses forces, fera en même temps une invasion en Franche-Comté.

L'abbé de Boutonillic et madame Lanno, désirant une restauration presque aussi vivement que les autres, bien qu'ils fussent guidés par des motifs peut-être moins honorables, parurent mécontens d'un plan qui semblait pressager un succès certain, uniquement parce qu'il pouvait s'effectuer sans leur concours.

— Monsieur le chevalier, dit l'abbé d'un ton qui ne permettait pas de pénétrer sa pensée; si tel est le plan du comte, il paraît qu'il agira tout-à-fait en dehors de l'agence.

— Le comte espère que l'agence le secondera, répondit Tinténiac.

— Cela est fort présumable. — Je pense qu'il serait bon de démentir un bruit qui s'est répandu. On prétend que le comte est l'instrument de l'Angleterre.

— Je n'ignore pas que des malintentionnés se sont plus à colporter cette absurde calomnie; mais la honte en retombera sur ses auteurs, car le premier acte du comte en entrant en France a été d'en prendre possession au nom de Louis XVIII, dont l'avénement a été célébré hier au camp de Carnac.

— Comment le général a-t-il trouvé nos chouans? demanda M. de Kerderf.

Les quatre mille hommes venus à la suite de Gorges Cadoudal sont aguerris et pleins d'ardeur ; hier on leur a distribué des uniformes et ils ressemblent maintenant à de vieux soldats.

— Nos émigrés n'ont pas toujours aprécié ces braves volontaires; je pense que le général aura recommandé d'avoir pour eux tous les égards qu'ils méritent.

— Le comte aime et estime nos chouans, il met en eux tout son espoir, c'est assez vous dire comment ils seront traités. — Quelques différends ont eu lieu hier pendant la distribution entre ces braves gens et les soldats d'Hervilly, mais cela a été promptement réprimé.

— Le comte d'Hervilly partage-t-il les sentimens du général à l'égard de nos chouans?

— A vous parler franchement, je crains le contraire. Lorsque les troupes de Georges ont défilé, le comte d'Hervilly les regardait avec un air dédaigneux, je l'ai entendu critiquer leur tenue, leur marche et leurs manœuvres; le général lui a fait observer que des bandes moins disciplinées avaient vaincu dans la Vendée les armées républicaines. Néanmoins le comte a insisté sur la nécessité de les former à la précision militaire.

— Qu'on s'en garde bien. Les paysans bretons ont leur manière de combattre, ce sont des chasseurs qui tirent juste mais lentement. Il faut leur laisser toute liberté dans leurs mouvemens, sans quoi on n'en peut rien faire. — Qu'on sache utiliser leur zèle et leur enthousiasme et ils peuvent conquérir la France en moins de temps qu'il n'en faudrait pour les rendre soldats médiocres.

— C'est l'opinion du général. Il n'ignore pas que le succès de notre expédition dépend de la célérité. Il faut frapper vite et fort, surprendre les républicains, les étonner par la vitesse de notre marche. L'histoire de Charles-Édouard est pour nous une utile leçon.

— Qu'on sache en profiter, qu'on ne s'arrête pas à des discussions de forme. — Chevalier, nous avons dans Hoche un terrible adversaire, nous l'avons surpris désarmé, ne lui laissons pas le temps de se préparer au combat.

— Le comte d'Hervilly est un brave militaire, plein d'honneur, de dévouement et de loyauté, dit Louis, mais il avait établi dans le régiment de Rohan une discipline sévère et pointilleuse, ses officiers se plaignaient de la raideur de ses formes ; je crains qu'il ne veuille diriger l'expédition avec le pédantisme d'un profond tacticien.

— C'est peut-être un malheur qu'on l'ait associé au comte, ajouta Boisberthelot.

—A quel titre l'est-il ? Je croyais que M. de Puisaye avait le commandement en chef de l'expédition.

— Pitt a craint sans doute que l'ardeur du général ne compromît l'armée, et pour la paralyser il a nommé d'Hervilly commandant en chef des troupes françaises à la solde de l'Angleterre jusqu'au moment où elles seront incorporées dans l'armée royale que nous allons lever, et dont le comte de Puisaye sera nécessairement le général en chef. De sorte que ce dernier ne peut mettre en mouvement aucune des troupes soldées, sans la participation et l'ordre de d'Hervilly.

— C'est un malheur dit le vieux noble, à la tête d'une armée comme à la tête d'un peuple, il ne faut qu'une tête et un bras. Rappelons-nous messieurs ces beaux vers de Corneille.

Le bonheur de l'état dépend d'un souverain,
Qui, pour tout conserver, tient tout en sa main.

— Personne ici ne blâmera un précepte qui est la base essentielle de la monarchie, reprit Tinténiac; cependant j'espère que la division du pouvoir n'engendrera pas la division des opinions. Jusqu'à ce moment, la meilleure intelligence a régné entre nos deux chefs. D'Hervilly approuve entièrement le plan de campagne, et sur une simple demande du général, il s'est empressé de mettre à sa disposition quatre cents hommes et deux pièces de canon, qui doivent se joindre à Vauban pour soutenir la ligne d'avant-postes.

— Cela, ajoute Boisberthelot, sera d'un bon effet sur nos chouans; ils se défient de leurs forces et ont toute confiance dans les troupes réglées. Avant que le général eût décidé de leur envoyer ce secours, j'avais surpris déjà quelques murmures sur l'abandon où on les laissait.

— Tinténiac, demanda Louis, le général ne m'a-t-il assigné aucun poste?

— Je t'apporte verbalement l'ordre de rejoindre à Landevant la colonne que je commande. Si tu es prêt nous partirons aussitôt.

— Partons dit Louis, j'ai hâte de partager la gloire des dangers pour avoir le droit de partager celle des succès.

— Mon âge ne me rendrait pas d'un grand secours parmi vous; j'attendrai l'arrivée du comte, dit le gentilhomme de Kerderf.

Louis prit congé de son père et de sa sœur. Mais ceux-ci manifestèrent le désir de le conduire jusqu'à la porte de la ville, et ils sortirent tous ensemble accompagnés du comte de Boisberthelot qui avait à prendre les dispositions nécessaires pour loger les troupes dans Auray.

Restés seuls, l'abbé et madame Lanno, demeurèrent quelques instans sans se parler. La dame piquée du peu d'attention qu'on avait fait à elle, minaudait devant sa glace pour s'assurer qu'elle n'avait rien perdu de ses charmes, et qu'elle avait toujours des droits incontestables à captiver tous les regards, tandis que l'abbé réfléchissait aux diverses choses qu'il avait apprises dans cette conversation. Il prit le premier la parole.

—Eh bien, madame, vous les avez entendus!

—Ah ! ne m'en parlez pas, dit-elle, en élevant les yeux au eiel.

— Cette indignation fait l'éloge de votre cœur.

— Mon cher ami, ils ne sont plus reconnaissables, les prendrait-on pour des nobles?

—Non certes, répondit l'abbé qui ne la comprenait pas.

— Quel ton ! quelles manières ! ne ressemblaient-ils pas plutôt à des soldats au bivouac, qu'à des hommes bien nés admis dans le salon d'une femme. — Ces messieurs causaient de leurs affaires, se promenaient de long en large avec leurs longs sabres traînant, sans prendre plus d'attention à moi que si je n'y eusse pas été... C'est vraiment intolérable.

— J'ai admiré votre patience, dit l'abbé d'un ton calin, à votre place il m'eût été impossible de ne pas leur faire sentir combien leur conduite était inconvenante, je dirai même grossière.

—Quoi, vous pensez qu'ils se seraient oubliés... Boutonillic, êtes-vous sûr qu'ils m'aient manqué?

—Madame, vous sentez... la délicatesse ne me permet pas... il ne faut pas qu'une susceptibilité poussée à l'excès.

— Je ne mérite pas ce reproche, n'ai-je pas montré, vous me l'avez dit vous-même, une admirable patience, en me taisant par égard pour l'hospitalité que j'accordais aux Kerderf. Mais si vous croyez qu'ils n'ont pas été seulement coupables d'inconvenance mais encore de...

Ah! messieurs continua-t-elle en se plaçant vis-à-vis son miroir, suis-je donc une première venue! Ma noblesse égale la vôtre, et sans vanité, j'ai droit aux hommages de tout homme bien né... du moins je le croyais ainsi.

Elle dit ces mots avec un tel accompagnement de minauderies que l'abbé diplomate réprima difficilement un sourire.

— Au reste, madame, s'ils se sont mal conduits envers vous, nous n'avons guère le droit d'en être surpris quand nous les voyons méconnaître avec une telle impudence les volontés sacrées du roi. — Ces messieurs ont dressé leur plan de canpagne, et se préparent à l'exécuter, sans le soumettre à l'approbation des agens de sa majesté. Mais si leur plan ne vaut rien, si le moment est mal choisi, si l'on n'est pas en mesure de les seconder, de tout cela ils ne s'inquiètent pas; et pourtant ils agissent au nom de sa majesté, avec le concours de ses fidèles sujets. Il y a dans leur conduite un mystère d'iniquité que nous devons découvrir pour dévoiler leur trahison.

— Cette tâche est digne de nous, s'écria la dame avec exaltation, arrachons le masque de loyauté dont ces traîtres se sont couverts. Certes leur trahison est bien prouvée par leur conduite. Des nobles fidèles à la cause de l'autel et du trône se fussent comportés envers moi tout autrement qu'ils ne l'ont fait.

—Cette remarque m'eût échappée; les femmes ont une pénétration dont les plus fins politiques ne pourraient jamais approcher. — Quel malheur que vous ne puissiez pas briller sur une scène plus digne de vous.

—Hélas! Boutonillic, ma mésaillance sera pour moi une source d'éternels regrets.

— Non madame, non, dit l'abbé d'un ton profond; sa majesté, n'en doutez pas, récompensera généreusement ses fidèles. —J'ai reçu ce matin des dépêches du chevalier de la Vieuville, la connaissance qu'il possède du comte de Puisaye, l'a mis à même de deviner ses projets, aussi a-t-il pris de concert avec l'agence les mesures nécessaires pour en empêcher l'accomplissement, et faire tourner au profit de la cause royale, les entreprises de ce traître.

—Vous me comblez de joie, mon cher abbé.

—Quand le moment sera venu, nous dresserons nos batteries pour donner à l'expédition une direction convenable, celle arrêtée par l'agence. En attendant nous ne devons rien négliger pour paralyser l'influence désastreuse de Puisaye. On a distribué par mes soins des manifestes portant sa signature contrefaite et signés de son quartier-général, qui enjoignent aux rassemblemens de se séparer et d'attendre de nouveaux ordres pour se reformer.

—C'est cela, dit madame Lanno, mon cher Boutonillic, vous êtes un homme prodigieux.

— Mais, c'est sur l'expédition même que nous devons concentrer toutes nos forces, continua l'abbé, il faut qu'elle se suicide, qu'elle s'anéantisse par elle-même..... ou qu'elle se mette à notre disposition.—Vous avez entendu ces messieurs se plaindre du comte d'Hervilly, c'est pour eux en effet un censeur incommode et un dangereux surveillant ; car je vous apprendrai, madame, que ce noble comte, le type de l'honneur et de la fidélité, a été prévenu par l'agence de Londres des desseins de Puisaye, que déjà il a reçu par l'entremise du chevalier de la Vieuville, des dépêches de celle de Paris, je sais qu'il adopte nos plans et s'est engagé à contrecarrer les desseins de Puisaye, afin que le commandement soit confié en de meilleures mains.

Ces trames odieuses si adroitement compliquées, ces perfidies revêtues d'une apparence de loyauté, jetèrent madame Lanno dans un étonnement qui semblait un remords. Elle pensa qu'une foule de braves gens qui dévouaient noblement leur vie à la cause de la monarchie sans s'inquiéter du chef qui les conduisait, pourraient être victimes de cette rivalité entre Puisaye et l'agence ; que l'ambition de quelques hommes allait compromettre une expédition qui offrait tant de chances heureuses, et ruiner peut-être à jamais toutes les espérances du roi ; mais ces réflexions dictées par sa conscience furent promptement étouffées par le raisonnement. Elle se rappela toutes ses conversations avec l'abbé, le dévouement qu'elle avait promis à l'agence, la trahison supposée de Puisaye, et le manque d'égards dont ses partisans s'étaient rendus coupables envers elle, c'en fut assez pour substituer au remords le contentement qu'on éprouve en accomplissant un devoir qui satisfait nos passions.

— Le comte de Boisberthelot, poursuivit l'abbé, avait remarqué, disait-il, des germes de mécontentement parmi nos paysans, on les a calmés en leur promettant un renfort de troupes; il faut que ces troupes n'arrivent pas, défians comme je les connais, il sera facile de leur inspirer des soupçons sur la bonne foi de Puisaye, on leur persuadera qu'ils sont trahis, ou jetés en avant pour recevoir le premier choc de l'ennemi.

— C'est bien, c'est merveilleux; avec un homme comme vous, l'agence ne peut manquer d'arriver à son but. — Mais dans tout cela vous ne m'avez point assigné de rôle, cependant je désire aussi concourir à cette grande œuvre.

On frappa à la porte.

— Qui est là? demanda-t-elle avec humeur.

— Monsieur Lanno est-il ici? répondit une voix grave.

— C'est notre mystérieux greffier.

Elle se leva et ouvrit elle-même la porte, dérogeant cette fois à sa dignité habituelle.

— Monsieur Lanno est-il à la maison? dit Laurent Lebel après l'avoir salué.

— Veuillez prendre un siége; il rentrera dans un moment. — Je ne m'attendais pas au plaisir de vous voir, monsieur Lebel, reprit-elle d'un ton aimable, je vous croyais parti; vous n'avez donc pas évacué?

— Vous le voyez, madame, dit-il en s'inclinant.

— Et vous ne craignez pas d'être inquiété en votre qualité d'agent de la république?

— Pourquoi le serais-je, je n'ai fait de mal à personne.

— Ce n'est pas toujours une raison, observa l'abbé.

— Je suis en effet attaché par ma fonction

au gouvernement actuel, mais n'ayant jamais témoigné plus d'affection aux républicains que de haine aux royalistes, je n'ai aucun motif de crainte ni d'espérance fondé sur le triomphe ou la ruine d'un parti.

— Au moins, monsieur Lebel, vous avez des sympathies?

— Madame, auriez-vous l'obligeance de remettre à votre mari ces pièces qu'il devra signer.

Il lui présenta des papiers, et voyant qu'elle ne les prenait pas, il les posa sur un meuble.

— Allons, soyez franc une fois, reprit-elle d'un ton insinuant accompagné de petites mines; avouez-moi, monsieur Lebel, que vous avez des sympathies.

— Vous m'excuserez, madame.

— Quoi, il serait possible! franchement, monsieur Lebel!

— Franchement, madame, je n'en ai pas.

— Vous ne regrettez pas la royauté?

— Nullement.

— Vous n'aimez pas la république?

— Je n'en ai aucune raison.

— Ainsi vous regardez froidement ce qui se passe autour de vous?

— On n'est pas plus indifférent.

— Drôle d'homme. — Monsieur Lebel vous avez eu des chagrins?

— Qui peut vous le faire croire? Je ne me suis jamais plaint.

— Les femmes possèdent un sens intime qui leur révèle les plaies du cœur, j'ai deviné depuis long-temps que vous aviez éprouvé de bien cruelles infortunes.

Une légère contraction passa sur sa figure froide, mais elle reprit presque aussitôt son impassibilité, il salua et s'avança vers la porte.

— Monsieur Lebel, mon mari vient à l'instant.

— Je n'ai rien à lui dire; je voulais seulement lui remettre ces papiers.

— Savez-vous, reprit-elle, que vous êtes peut-être le seul à qui le débarquement ne cause ni craintes ni espérances.

— Que puis-je y faire, madame; ces sentimens naissent et ne se commandent pas.

—Cependant, monsieur Lebel, on a toujours quelque raison...

— Eh bien, madame, puisque vous me pressez de cette manière, je vous avouerai que le débarquement me contrarie par la seule raison qu'il trouble ma tranquillité.... C'est un égoïsme bien profond, n'est-ce pas?

— L'égoïsme est souvent le résultat du malheur, dit madame Lanno, avec un regard qu'elle étudia dans sa glace; on n'a pas le droit de blamer celui dont on ignore la vie.

Il mit la main sur le loquet, elle le rappela avec hâte.

— Monsieur Lebel, les relations que vous avez depuis un an avec M. Lanno et moi, justifient l'intérêt que m'inspire votre position. Il est cruel de voir un homme qu'on estime, à juste titre, en butte à la haine des méchans.

Il la regarda fixement et attendit qu'elle s'expliquât.

— Quelques personnes se sont imaginées...

ont répandu le bruit... c'est une chose infâme, une calomnie sans exemple....

Pensant qu'elle cherchait un biais pour lui faire de nouvelles questions, il n'essaya pas de la tirer d'embarras.

— Ces personnes, dis-je, étonnées de votre manière de vivre, ont supposé que vous aviez avec les terroristes... que le secret dont vous vous entouriez cachait une souillure...

Le greffier tressaillit, un léger vermillon parut sur ses joues pâles. — Que vous aviez un grand intérêt à cacher des relations qui... mon Dieu, monsieur Lebel, venez-moi en aide, je n'ose vous dire...

— Parlez sans craintes, madame, une conscience pûre peut tout entendre.

Malgré le soin qu'il prit de se contraindre, on put remarquer dans sa voix une assez forte émotion.

— Eh bien, on prétend que vous êtes... — Encore une fois je n'en crois rien. — Que vous êtes, monsieur Lebel, un espion républicain.

Ce mot ne produisit pas l'effet qu'on eût pu

en attendre, l'inquiétude qu'il éprouvait disparut, et il recouvra une parfaite tranquillité.

— Ce soupçon ne m'étonne pas, mais les personnes qui l'ont conçu n'ont pas réfléchi que l'isolement où je vis ne conviendrait guère à l'emploi qu'elles m'attribuent.

—C'est ce que je me suis dit. Au reste, monsieur Lebel, soyez bien persuadé que j'ai repoussé avec indignation un soupçon aussi outrageant; je me suis rendu garant de votre honnêteté, de votre honneur, monsieur Lebel... c'est une grande preuve de confiance et d'amitié puisque mes rapports...

— Madame, permettez-moi de vous témoigner toute la reconnaissance que m'inspire votre générosité.

— Mais, monsieur Lebel, mes assurances réitérées n'ont pas convaincu ces méchantes personnes, et elles ont résolu de vous traiter comme si vous étiez réellement...

— Alors, madame, elles m'ont condamné à mort, car c'est je crois le sort réservé aux espions dans les temps de guerre civile.

— Comme il dit cela, monsieur Boutonillic, s'écria-t-elle avec une surprise véritable; on croirait vraiment qu'il parle d'un autre; oui, mon cher monsieur Lebel, hâtez-vous de fuir si vous voulez leur échapper.

— Mon départ justifierait leurs soupçons, je serais banni à perpétuité d'Auray; je préfère courir quelques risques que d'abandonner mon emploi et une ville que l'habitude m'a fait aimer.

— Mais songez donc qu'il y va de votre vie.

—Dailleurs si vous craignez de perdre votre emploi, je peux vous offrir les moyens d'en acquérir un meilleur. — Les personnes qui vous menacent sont des créatures de Puisaye, de ce noble déloyal qui s'est fait l'instrument de l'Angleterre et veut dépouiller Louis dix-huit de sa couronne pour en doter le duc d'Yorck. Le plan de ce traître m'est connu, je vous le communiquerai, et vous serez sûr ainsi d'être accueilli avec faveur par le général Hoche et les représentans.

— Madame Lanno, dit le greffier d'un ton froid, je ne puis seconder vos vues.

— Mes vues, monsieur Lebel, s'écria-t-elle en rougissant.

— Vous n'avez pas réfléchi sans doute, à l'offre que vous m'avez faite ! Il ne m'appartient pas de décider si le comte de Puisaye est fidèle ou non à sa cause, cela ne me regarde pas, je m'inquiète peu de le savoir ; mais si je révélais au général un plan de campagne qui m'eût été confié dans une intention que je crois bienveillante, je justifierais les soupçons que j'ai inspirés.

— Vous n'avez pas saisi la pensée de madame, observa l'abbé ; l'intérêt qu'elle prend à vous l'engageait à commettre une indiscrétion qui vous eût dédommagé de la perte de votre emploi et vengé des individus qui menacent injustement votre vie.

— Je suis convaincu des bonnes intentions de madame, je la remercie de l'intérêt qu'elle me témoigne et de l'avertissement qu'elle vient de me donner, mais la vie n'a pas à mes yeux une assez grande importance pour la conserver au prix d'une bassesse ou d'un dérangement. Je suis fataliste, j'attendrai tranquillement ici, le destin qui m'est réservé.

En achevant, il les salua et sortit.

Madame Lanno était mécontente d'avoir fait aussi légèrement au greffier une pareille proposition, et piquée contre celui-ci pour le refus qu'elle en avait éprouvé, elle ne se disimulait pas qu'il avait découvert un motif bas dans sa conduite et qu'il serait en droit de lui faire sentir désormais la supériorité qu'il avait acquise sur elle. Cette pensée était cruelle à une femme de son caractère, il fallait pour son repos qu'elle trouvât un motif intéressé dans la conduite du greffier dont la probité la gênait.

—Boutonillic, dit-elle, ne pensez-vous pas que ce mystérieux Lebel est un partisan de Puisaye? sans cela il eût accepté la proposition.

— Imprudente, continua l'abbé.

— Soit, la proposition imprudente que j'ai bien voulu lui faire.

— C'est un homme dangereux madame.

— Vous pensez qu'il a des relations avec Puisaye et sa clique?

— Mieux que cela; je pense que les soupçons dont vous lui avez parlé ne sont pas dénués de fondement; c'est un espion républicain.

— Au fait, quel motif avait-il de cacher son nom, sa naissance, de s'entourer d'un mystère impénétrable!.. On n'en peut plus douter, c'est un agent de police.

— Un homme très dangereux, reprit l'abbé, qui pourrait nous compromettre... Il faudra l'éloigner d'Auray.

— Je le verrais partir avec un très grand plaisir.

— Soyez tranquille, il partira, les personnes en question se chargeront de l'écarter.

Il dit cela avec un sourire méchant auquel madame Lanno répondit en baissant les yeux.

Dans ce moment le gentilhomme de Kerderf et Marie rentrèrent. La femme du juge au lieu de courir au-devant d'eux et de les accueillir avec l'empressement qu'elle leur montrait d'ordinaire, ne se leva pas de sa chaise, et continua de causer à voix basse avec l'abbé. Pensant qu'elle était occupée, le vieillard fut s'asseoir par discrétion à l'autre bout de la chambre.

— Madame Lanno, dit-il, vous êtes en affaire, si nous vous gênons, dites-le-nous?

— Monsieur de Kerderf, répondit-elle, titre qu'elle substituait pour la première fois à celui de mon cousin, ma conversation avec l'abbé de Boutonillic n'a rien qu'on ne puisse entendre, nons parlons de votre fils et des messieurs qui sont partis ave lui.

— Vraiment! et qu'en disiez-vous donc?

— Mais rien que de flatteur sans doute, dit-elle avec ironie; ces messieurs se conduisent avec une si grande politesse, ils sont si galans, si polis...

Le vieux noble ne comprit pas l'intention de madame Lanno.

—Nous la gênons, dit Marie en se penchant à son oreille; elle veut nous faire entendre que nous sommes restés assez long-temps chez elle.

— Parbleu, cousine, dit-il en se levant, pourquoi chercher des biais pour arriver à son but; j'ai hébergé votre père pendant dix ou quinze ans, je ne me rappelle pas au juste, il n'est sorti de chez moi que pour entrer dans la tombe, je pensais avoir le droit de passer quelques jours chez vous; mais puisque nous vous gênons, nous serons bientôt partis, grâce à Dieu ma fille et moi nous n'en sommes pas réduits à mandier un gîte et du pain. Bonjour cousine et sans rancune; quand vous viendrez à Carnac il y aura place pour vous à la cheminée de Kerderf, le coin de votre père est resté inoccupé.

Le vieux noble et sa fille sortirent, laissant madame Lanno dans une confusion qui provenait autant des reproches qu'elle s'adressait pour l'impolitesse qu'elle leur avait montrée que des souvenirs humilians qui lui avaient été rappelés.

XII.

Dans l'après midi, une colonne de l'armée royale commandée par le comte de Boisberthelot fit son entrée dans Auray. Cette colonne en partant de Carnac était forte de douze cents hommes, mais telle était l'ardeur qui régnait parmi les paysans pour la cause de la monarchie que dans un trajet de trois lieues, elle s'était grossie d'un nombre égal de volontaires, tous animés d'une haine profonde contre les bleus, d'un désir ardent de combattre. Les colonnes commandées par Tinténiac et Vauban qui s'étaient portées l'une à Landevant et l'autre à Mendon avaient reçu d'assez notables renforts avec la même rapidité. Cet enthousiasme qui accueillait les émigrés, était pour eux le présage presque certain du succès. Si, dès leur arrivée, le pays se levait en masse avec une foi et un élan spontanés qui rappelaient l'effervescence religieuse des Croisés, que serait-ce donc lorsqu'ils se présenteraient glorieux de leurs succès et forts de leurs conquête, sur les rives fidèles de la Loire, de l'Orne et de la Mayenne.

Vers la fin du jour on entendit une fusillade sur la route de Vannes, et bientôt après une foule de paysans qui accouraient en déroute apprirent qu'ils avaient été débusqués du château et du Parc du Pont-Sol, situé à une demi-lieue d'Auray, par une troupe républicaine

Cette reconnaissance était commandée par le général Hoche, qui, arrivé la veille au soir à Vannes, avait rassemblé dans la ville et les environs une force de quatre cents hommes et vingt cavaliers, avec lesquels il avait délogé ce parti de chouans, retranché derrière la rivière et le parc du Pont-Sol. L'arrivée si rapide du général en chef et la manière dont il s'annonçait, eussent été de nature peut-être à faire réfléchir les royalistes. Ils eussent été en droit de se demander pourquoi leurs chefs ne profitaient pas de la supériorité du nombre pour marcher immédiatement sur Vannes et disperser les corps républicains qui allaient s'y concentrer; mais le débarquement était encore si récent, et la joie du succès si générale, que personne ne songea qu'on perdait un temps précieux dans une inaction funeste, et la soirée fut encore passée en réjouissances par les habitans d'Auray.

Avant la révolution, cette ville était renommée dans toute la Bretagne par la gaîté et l'amour du plaisir qui distinguaient ses habitans.

Tous les soirs, cinq à six cents personnes se rassemblaient dans les beaux jours sur le Loch, dansant au son du *biniou*. Cette promenade est située sur le sommet d'une colline, immédiatement au-dessus du port qu'elle couronne à pic, à une hauteur d'environ cent cinquante pieds. On découvre de ce lieu une perspective admirable. Elle commande aussi la ville, construite elle-même dans une position délicieuse, sur les bords d'une petite rivière qui forme un bras du Morbihan. L'air vif et sain qu'on y respire, l'abondance de la nourriture, son bas prix et sa qualité, la prodigieuse fécondité des femmes, tout cela concourait sans doute à répandre l'amour du plaisir parmi les habitans d'Auray ; aussi retrouvant leur gaîté à la vue du drapeau blanc ils célébrèrent son retour en se livrant aux réjouissances, dont la crise révolutionnaire les avait peu à peu sevrés.

Tandis que les chouans qui n'étaient pas de service dansaient sur le Loch, mêlés aux habitans, le comte de Boisberthelot s'entretenait avec plusieurs personnes de marque dans la salle des assemblées municipales. Le quartier-général avait été établi à la maison commune, et depuis l'arrivée du détachement d'occupation, quelques royalistes possédant des connaissances militaires s'étaient joints au comte pour prendre les dispositions nécessaires à la garde de la ville, celles relatives au logement et à la nourriture d'une si grande quantité d'hommes.

Le conseil allait se séparer, quand un sergent de l'armée royale entra dans la salle et s'approcha du comte à qui il dit quelques mots.

—C'est bien, répondit celui-ci, faites-le entrer, nous allons l'interroger.

Un moment après Laurent Lebel fut amené sous l'escorte de six chouans. Sa figure conservait son expression habituelle, il était aussi calme, aussi indifférent en paraissant comme prévenu devant les chefs royalistes, que dans la justice de paix où il assistait le juge.

—Monsieur, dit Boisberthelot, remarquant avec surprise l'air distingué et le calme de cet homme, les rapports que l'on m'a faits sur vous m'ont contraint d'ordonner votre arrestation ; je désire sincèrement que vous me mettiez à même de vous relâcher aussitôt.

Le greffier s'inclina et ne répondit rien.

— Vous vous nommez, je crois, Laurent Lebel ? Vous exercez les fonctions de greffier près la justice de paix ?

— Oui, monsieur.

— On prétend que ce nom n'est pas le vôtre ?

— Quelles preuves en a-t-on ?

— C'est à vous de prouver que Laurent Lebel est votre véritable nom.

— Je signe ainsi les actes du greffe, ils sont reconnus valables devant les tribunaux.

— J'admets que cela soit une preuve. Au surplus, je ne vous presserai pas davantage à ce sujet, si vous voulez me donner des explications qui puissent me convaincre qu'on vous a calomnié. — Vous êtes dénoncé comme entretenant des relations peu honorables avec les républicains.

— Celle d'espion, n'est-ce pas ?

— Vous saviez que l'on vous accusait ?

— On m'a prévenu ce matin des soupçons que j'avais inspirés à certaines personnes, en m'invitant à fuir ; j'ai préféré rester.

— Pourquoi n'avez-vous pas suivi l'administration ?

— Par la même raison qui m'a retenu ce matin.

— Quelle est cette raison ?

— L'ennui d'un déplacement.

— Il est singulier qu'un motif aussi léger vous retienne, quand votre liberté est menacée.

— Je hais par-dessus tout le bruit et l'embarras

— Mais pour éviter la prison et peut-être un sort plus funeste...

— La prison ne m'effraie pas, on y est tranquille et seul ; quant au sort plus funeste, c'est une tranquillité sans fin. — Mais, messieurs, aucun de vous ne pourrait avoir l'intention de faire mourir un homme sur un simple soupçon.

— Vous savez, monsieur, dans quelle position nous sommes; vous savez qu'en guerre les espions sont exceptés du droit commun.

— Je vous appartiens, messieurs, vous disposerez de moi comme il vous plaira.

— N'avez-vous aucune preuve à nous donner de la fausseté de ces soupçons?

— Il est plus facile de convaincre d'un crime commis que de se disculper d'un crime qui n'existe pas.

— Cela est vrai, mais ne nous satisfait pas.

— Que puis-je faire pour me laver? Vous montrer des certificats attestant ma probité, je rougirais d'en posséder; invoquer le témoignage de mes voisins, ils vous diront que je sors très peu et que je ne parle à personne. Je ne reçois pas de lettres, je n'en expédie pas, on ne m'a jamais vu avec aucun étranger, est-ce la conduite d'un espion?

— Monsieur, repartit le comte, malgré le désir que j'éprouve de croire à votre innocence, l'intérêt de notre sûreté ne me permet pas de vous mettre en liberté. — Les explications que vous nous avez données n'étant point acceptables dans une occasion comme celle-ci, vous ne serez pas étonné si je vous envoie provisoirement en prison.

— Vous en êtes le maître, monsieur.

Boisberthelot fit signe aux gardes qui sortirent avec le greffier, et les chefs royalistes, après s'être entretenus quelques instans de ce personnage singulier, quittèrent la salle du conseil.

La nuit se passa tranquillement; le lendemain la division de l'armée royale qui occupait Auray, se rassembla tumultueusement sur la place, paraissant dans un état presque complet d'insurrection. Deux nouvelles apportées presque en même temps avaient jeté les paysans dans cet état d'effervescence. On avait appris que le général Josnet marchait sur Auray par la route de Lorient, tandis que le général Hoche menaçait la ville du côte de Vannes. Et le comte de Vauban avait informé Boisberthelot qu'il n'avait pas encore reçu les pièces et les troupes qu'on leur avait annoncées. Ce secours qui devait aussitôt filer sur Auray, afin de mettre la ville dans un état respectable de défense n'étant point arrivé, Boisberthelot craignant d'être forcé dans sa position, avait dû céder au voeu de ses troupes, et se préparait à évacuer la ville pour se retirer à Loc-Maria-Ker, qu'il avait occupé d'abord. Ce mouvement rétrograde était d'un mauvais augure, mais on l'attribuait à une mesure de précaution, et si l'enthousiasme qui régnait le veille à Auray, ne se montrait plus ce matin, il ne fallait pas s'en prendre à la crainte d'un échec que chacun croyait impossible, mais aux soupçons qui s'étaient glissés dans l'âme des paysans sur la bonne foi de leurs chefs.

Les nouvelles qu'on recevait de tous côtés étaient propres à confirmer les espérances des royalistes. Partout l'annonce du débarquement avait causée une épouvante générale. Les administrations communales et départementales, déjà suspectes la plupart, n'avaient plus ni la volonté ni l'énergie de tenir tête à l'ennemi, elles étaient frappées de l'idée qu'il n'y avait aucun moyen de repousser l'invasion, que le drapeau blanc allait flotter en quelques jours dans toutes les provinces de l'Ouest. L'armée divisée en cantonnemens avait perdu elle-même son unité et sa force, cette confiance qui anime les masses marchant sous un chef qu'elles estiment ; ces détachemens isolés dans de petites villes, au sein d'un pays ennemi, sans communications entre eux, partageaient naturellement la terreur des citoyens, et leurs préparatifs étaient faits pour battre en retraite à l'approche de l'armée royale. Dans quelques localités, des gardes nationales connues par leur patriotisme avaient juré de se battre jusqu'à la mort, et de ne livrer aux royaux que des cadavres et des ruines.

Ces nouvelles connues à Auray ne permettaient pas de concevoir les plus légères inquiétudes, au contraire la confiance du succès s'affermissait de plus en plus, chacun spéculait déja sur la restauration prochaine, et l'évacuation de la division Boisberthelot fut considéré comme un changement de position plutôt que comme une retraite.

Madame Lanno et l'abbé causaient devant leur fenêtre en regardant le défilé. Ce dernier était étendu nonchalamment sur un fauteuil, dans la position d'un homme accablé de fatigue, époussetant avec une cravache la poussière qui couvrait ses guêtres. Madame Lanno, appuyée sur le dossier du fauteuil, le regardait d'un air de douce sollicitude et agitait son mouchoir sur la chevelure de l'abbé pour en chasser la poussière.

— Mon cher Boutonillic, dit-elle d'une voix flûtée; voulez-vous boire encore un verre de sirop? Je crains que votre gorge ne s'enflamme, vous savez que vous y êtes sujet.

— Merci, belle dame; je me trouve bien. La fatigue est peu de chose quand le cœur est satisfait.

— J'aurais parié que vous eussiez réussi. — Vous avez parlé au comte d'Hervilly?

— Plus bas; on pourrait nous entendre. — Je lui ai parlé deux heures.

— Et vous l'avez trouvé sans doute bien disposé.

—Moins, beaucoup moins, que je ne l'aurais cru. — Maintenant il est à nous corps et âme.

— Vous l'avez conquis, emporté d'assaut, homme admirable! Quelle dette de reconnaissance vous imposez à sa majesté, que de services à reconnaître.

— N'y pensons pas, madame; le devoir et la conscience doivent être nos seuls mobiles. — Le comte avait eu plusieurs entrevues avec l'ambassade de Londres, il savait que les volontés du roi n'étaient pas d'accord avec le plan du général, mais se trouvant engagé dans cette entreprise, le point d'honneur et quelques raisons aussi futiles le décidaient à agir de concert avec Puisaye. Je lui ai vivement remontré le mécontentement qu'il causerait à sa majesté, en enfreignant les ordres qu'elle avait donnés à l'agence, la nécessité pour tous les vrais royalistes de marcher avec un pouvoir institué par le roi même, et je dois le dire à l'honneur de d'Hervilly, ces considérations lui ont paru toutes puissantes; il a protesté de sa soumission inaltérable aux ordres de sa majesté, il a juré d'obéir à toutes les instructions qui lui viendraient de cette source.

—Et vous pensez, mon cher abbé, qu'il nous tiendra sa promesse?

— Le départ de Boisberthelot en est la preuve. Lorsque j'arrivai au camp, les troupes recevaient l'ordre de se porter en avant; aussitôt après notre entrevue le contre-ordre a été donné. Du reste d'Hervilly n'est pas le seul qui soit dans les bons principes, j'ai vu plusieurs émigrés qui partagent nos opinions. A mon retour je suis passé par Mendon, les quarante gentilshommes qui accompagnent Vauban sont au mieux avec les paysans, ils ont acquis toute leur confiance en causant familièrement avec eux, en partageant leur nourriture et couchant comme eux sur la terre. Il est fâcheux que Vauban et ces messieurs soient partisans de Puisaye; mais nous les travaillerons et il n'est pas impossible qu'ils n'ouvrent enfin les yeux.

— Madame Lanno, rêveuse depuis quelques instans, reprit d'un ton embarrassé.

— Boutonillic, je n'ai pas dormi cette nuit.

— Qui vous en a empêché ?

— Ma conscience.

— Oh ! cela devient sérieux ! Quels reproches si graves vous fait-elle ?

— Le greffier a été incarcéré hier soir.

— Ah, ah ! et sait-on si les soupçons de ces personnes dont vous lui avez parlé se sont trouvés justes ? dit-il avec un rire moqueur.

— De grâce ne plaisantez pas ; nous avons contribué à son arrestation, Boutonillic.

— C'était une mesure que nous commandait la prudence.

— Je suis tourmentée de la crainte qu'il ne lui arrive malheur. En guerre civile, la vie d'un homme, celle d'un espion est comptée pour si peu de chose, s'il était tué il me semblerait voir continuellement sa grande figure sombre devant moi, je ne dormirais plus, toute ma vie serait troublée.

— Vous devenez romanesque, répartit l'abbé en riant ; enfin si vous pensez que votre repos serait compromis par la mort de M. Lebel, il faut purger votre conscience de toute complicité dans son arrestation et le faire mettre en liberté.

—C'était mon dessein, mais je désirais obtenir votre aprobation. —L'évacuation ayant laissé la prison sans gardes, je ne vois rien de plus simple que d'y envoyer M. Lanno. Il est naturel que le juge de paix délivre son greffier.

— Très naturel; parlez lui-en à diner.

Dans l'après midi, le gros juge sortit de sa maison tout joyeux de la bienveillance que sa noble épouse lui avait montrée au diner, et tourna ses pas du côté de la prison pour remplir la bonne œuvre dont elle l'avait chargé, celle de rendre son greffier à la liberté dont il avait été privé injustement. Les geôliers avaient suivi l'évacuation des autorités, les chouans s'étaient retirés, de sorte que le magistrat ne trouva personne pour l'arrêter ni lui répondre. Il consulta l'écrou, mais le nouveau prisonnier n'y ayant pas été inscrit, il se rendit à celle des chambres où il présuma qu'on l'avait déposé, c'était la seule en effet qui eût la porte vérouillée. Le magistrat l'ouvrit, et entra, en soufflant, dans un cabinet qui recevait un jour douteux par une étroite lucarne garnie de barreaux croisés. Laurent Lebel, assis sur un banc, les bras croisés et les jambes étendues, avait les yeux fixés sur le coin du ciel qu'il découvrait à travers la lucarne, et telle était sa préocupation qu'il ne détourna pas la tête au bruit que fit le magistrat. Celui-ci, croyant qu'il réfléchissait comme il en avait l'habitude, s'approcha doucement pour le surprendre, mais en le regardant il recula saisi d'étonnement et d'effroi. La figure du greffier couverte d'une pâleur mate était complètement immobile, ses yeux ouverts ne paraissaient pas voir, il ressemblait à un somnambule magnétique. Un médaillon suspendu par une chaine d'or délicatement travaillée pendait sur sa poitrine, et malgré le désir que ressentait le gros juge de regarder de près la miniature qu'il contenait, il n'osa pas s'avancer tant le greffier l'effrayait.

— Hap, hum, monsieur Lebel... monsieur

Lebel, vous me faites l'honneur de m'entendre.

Le greffier ne donna pas le moindre signe annonçant qu'il lui eut fait cet honneur.

Le juge de paix souffla plusieurs fois et se demanda ce qu'il avait à faire. S'il fut venu de son chef, il eut laissé le greffier tranquille dans la prison où il paraissait si à l'aise, mais comme il obéissait à un ordre de sa noble épouse, il voulait, en mari docile, remplir cet ordre à la lettre, et pouvoir lui rendre un compte satifaisant de sa mission. En conséquence, il chercha un moyen de réveiller le greffier en s'exposant le moins possible, et ramassant un balai qu'il trouva dans le corridor, il frappa légèrement Lebel. Celui-ci tressaillit, étendit les bras et se frotta les yeux, en homme éveillé en sursaut, et par un mouvement machinal avant d'avoir repris la vie il porta la main à son médaillon et le cacha dans son gillet.

— Diable, monsieur Lebel, vous dormez d'un bon sommeil ; cela vous arrive-t-il sou-

Le greffier regarda lentement autour de lui et aperçut les murailles noires du cachot, et le gros juge debout à ses côtés. Il recouvra la mémoire des choses et reprit presque aussitôt son calme habituel.

— Je rêvais, dit-il, avec un sourire triste.

— Oui-dà, j'ai bien vu cela, vous rêviez de choses aimables ; vous me faites l'honneur de m'entendre.

— Depuis combien de temps êtiez-vous donc ici ? s'écria Lebel, en dressant sa grande taille devant le magistrat. Depuis un moment, une minute à peine, répondit celui-ci en se reculant.

— Ai-je parlé devant vous ?

— Vous aviez les dents serrées comme un enfant qui refuse de prendre une médecine.

— Alors pourquoi m'avez-vous dit que je rêvais de choses aimables ?

— Et ce portrait que vous avez caché, n'est-ce pas l'image d'une femme ? quelque amourette, j'imagine.

— Vous vous trompez, citoyen Lanno ; c'est

le portrait d'un homme. — A quoi dois-je attribuer le plaisir de vous vous voir ?

— A l'intérêt que vous porte mon épouse. Les chouans ont évacué la ville ; elle a pensé que vous êtiez détenu, et m'envoie vous délivrer.

— Ainsi, je suis libre ?

— Comme un oiseau, citoyen.

— Vous ferez agréer à madame Lanno les témoignages de ma profonde gratitude.

—Je n'y manquerai pas. Je vous conseille de profiter de l'absence des chouans pour partir, car à leur retour, qui ne peut pas tarder, vous seriez peut-être moins chanceux ; vous me faites l'honneur de m'entendre.

— Je verrai, dit Lebel en suivant le magistrat qui sortait de la prison.

— Vous verrez ! cela ne demande pas tant de réflexions ; quand un oiseau sait que son nid est connu il en construit un autre ailleurs.

— Le greffier ne répondit pas.

— Citoyen Lebel, il faut que vous trouviez de grands avantages à rester pour vous exposer ainsi. Je parie que le produit de votre greffe pendant un an ne vaut pas un mois de votre autre rétribution.

— Citoyen Lanno, répartit le greffier, je pensais que ma conduite avait dû me mériter l'estime de ceux qui me connaissent, je m'étonne que vous ayez accueilli les ridicules soupçons qu'on a répandus sur moi.

— Écoutez donc, citoyen, tout dépend de la manière dont on envisage les choses; vous me faites l'honneur de m'entendre. J'établis une grande différence entre un écouteur de porte, un fureteur de buissons, et un agent supérieur chargé d'observer une contrée. Or, je ne vous faisais pas l'affront de vous prendre pour une mouche; mais je pensais que moyennant un salaire honorable, un homme doué de capacité, de talens remarquables, pouvait observer l'état des esprits, saisir le fil des conspirations et en informer le comité de salut public. C'est un acte de dévoûment à la patrie, et un moyen de s'arrondir; vous me faites l'honneur de m'entendre.

— Chacun juge des choses selon sa moralité, répliqua sèchement le greffier, vous vous êtes trompé dans vos suppositions, citoyen Lanno; je n'ai pour vivre que le produit de mon greffe, c'est la seule charge que j'occupe, la seule que je veuille occuper, car elle me donne tout ce qu'un homme peut désirer, la vie et l'indépendance. — Je vous souhaite le bonjour, citoyen Lanno.

—Bonjour, citoyen Lebel. Quoiqu'il en soit je crois que vous ferez bien de ne pas attendre les chouans.

Il s'arrêta un moment, et ayant vu Lebel prendre le chemin de sa maison il se dirigea vers la justice de paix pour rendre compte à sa femme du résultat de sa mission.

Quelques heures après, des cris d'alarme se répandirent dans la ville, on signalait l'approche d'une colonne républicaine arrivant par la route d'Hennebon. Les royalistes, jusqu'à ce moment pleins de joie et de confiance, commencèrent à concevoir des craintes sérieuses. A la vérité, une force imposante stationnait au camp de Carnac, de nombreuses divisions étaient échelonnées autour de la ville; mais dans ce moment nulle garnison ne l'occupait, et en supposant que les républicains ne fussent pas assez forts pour s'y maintenir, ils pouvaient du moins s'en rendre maîtres et exercer de terribles vengeances contre les insurgés. Déjà la terreur s'emparait de tous les esprits, ceux qui avaient montré le plus de zèle concevaient aussi les plus grandes inquiétudes, ceux qui étaient restés froids, se louaient de leur inaction.

Un courrier dépêché du camp de Loc-Maria-Ker, arriva sur ces entrefaites, apportant une nouvelle qui fut accueillie par les habitans d'Auray comme un acte providentiel. Le comte de Boisberthelot annonçait qu'un ordre positif du général en chef lui enjoignait d'occuper la ville, et qu'il était en marche pour s'y rendre avec sa division. Aussitôt, la confiance et l'ardeur succédèrent à la crainte et à l'abattement; on ne pensa pas que les républicains pouvaient prendre la ville d'assaut et en déloger les chouans ; un secours arrivait, c'en était assez pour électriser les esprits. Aussi les royalistes s'armèrent à la hâte et se portèrent à l'entrée du faubourg, décidés à en disputer l'entrée aux troupes, pour donner à Boisberthelot le temps d'arriver.

Les maisons les plus avancées, les jardins et tous les endroits couverts furent occupés par les habitans dispersés en tirailleurs. Le vieux seigneur de Kerderf avait pris le commandement des défenseurs de la ville. Placé dans une maison qui dominait le faubourg, il assignait à chacun le poste qu'il devait occuper et dirigeait les mouvemens avec un sang-froid et une intelligence qui faisaient honneur à ses talens militaires. Marie, penchée sur la croisée, regardait approcher la colonne républicaine sans montrer la moindre inquiétude. Elle tenait à la main un fusil de chasse à deux coups dont elle paraissait impatiente de faire usage. Plusieurs autres femmes se montraient également en armes parmi les habitans.

Car à cette mémorable époque, l'égalité et

la liberté, ces deux terribles sœurs jumelles, avaient parcouru la France sous l'escorte de la mort, et ceux-là même qui protestaient le plus fort contre leur domination, ressentaient malgré eux leur irrésistible influence. Ainsi, comme en une épidémie où les chars funèbres qui passent, inspirent moins le regret pour ceux qu'ils emportent en terre que la crainte de bientôt les suivre, le nombre des victimes qu'on avait vu succomber, et l'appareil du supplice constamment dressé aux regards comme une perpétuelle menace, avaient émoussé la sensibilité en éveillant l'égoïsme, et bientôt même la mort perdant son prestige en se prostituant à tous, on s'était peu à peu familiarisé avec elle, au point de la recevoir avec la même tranquillité qu'on la voyait donner aux autres. La conséquence naturelle de ce détachement de la vie était le relâchement de tous les liens sociaux. Les relations de famille étaient devenues rares et gênées; l'émigration, la terreur, la réaction et la ruine, avaient semé partout des germes d'oubli, de discorde et de haine. Les affections languissaient, le respect avait diminué, toute hiérarchie était rompue; chacun agissait selon sa passion ou ses fantaisies. Les femmes elles-mêmes avaient éprouvé les effets de la contagion; elles montraient plus d'indépendance, revendiquaient leurs droits et s'occupaient activement de politique; en un mot, dans les deux partis, les passions bonnes ou mauvaises, l'enthousiasme et l'amour, s'étaient portés, à de rares exceptions près, sur les intérêts généraux; on était avant tout royaliste ou républicain; on servait, à l'exclusion de tout, le trône ou la liberté; aussi voyait-on quantité de femmes, oubliant les attributs et les devoirs de leur sexe, secouer tout-à-coup la réserve et les convenances auxquelles l'usage les avait jusqu'alors astreintes, se montrer dans les clubs, dans les assemblées publiques, prendre une part active aux conspirations, et payer de leur personne avec une admirable audace.

Les premiers tirailleurs républicains qui entrèrent dans le faubourg, furent repoussés avec perte ; bientôt leur nombre augmenta, et ils tentèrent de nouveau de pénétrer dans la ville ; mais le passage leur fut vivement disputé, et malgré leur ardeur, ils durent céder à des ennemis invisibles qui les décimaient sans s'exposer à leurs coups, et battirent en retraite en laissant une partie des leurs sur la place.

La colonne était arrêtée à deux portées de fusil, on vit ses lignes profondes se diviser et s'étendre sur les flancs, des pelotons se former devant chaque endroit qui favorisait l'assaut, les sapeurs s'avancer pour abattre les portes et faire des brèches aux murailles. Ces dispositions menaçantes ne diminuèrent rien de la confiance des royalistes ; ils espéraient repousser cette attaque comme ils l'avaient fait de la précédente, et d'ailleurs le secours de Boisberthelot devait arriver avant qu'ils ne fussent réduits à fuir ou à capituler.

Lorsque tout fut prêt pour l'attaque, les tambours battirent la charge, les troupes républicaines marchèrent tête baissée sans brûler une amorce, et malgré le feu meurtrier qui partait de tout côtés, elles avancèrent jusqu'aux maisons où les royalistes étaient retranchés. Ceux-ci voyant leurs positions découvertes furent contraints de reculer, profitant néanmoins de tous les endroits qui leur offraient un abri pour continuer d'y tirailler jusqu'au moment où les républicains, qui procédaient avec méthode, s'étant emparés de toute la ligne, venaient les en déloger.

Cette défense pied-à-pied dura près d'une demi-heure; les habitans, presque toujours retranchés, avaient perdu peu de monde, n'étant exposés au feu des assaillans que lorsqu'ils traversaient une rue ou un jardin pour quitter un poste et en prendre un autre. Ceux-ci au contraire marchant découverts, avaient laissé un assez grand nombre des leurs dans ces attaques réitérées ; mais plus forts numériquement, et habitués à faire triompher partout l'étendard républicain, ils allaient en avant sans s'inquiéter de leurs pertes, indifférens au danger, et repoussaient les royalistes vers l'intérieur de la ville.

Dès le commencement de l'action, un peloton s'était emparé de la maison occupée par le vieux noble et sa fille. Cette maison, située entre cour et jardin, avait une sortie par derrière. Les royalistes qui accompagnaient M. de Kerderf, voulurent évacuer de ce côté, mais des soldats occupaient déjà le jardin. Forcés de chercher une autre issue, ils enfoncèrent une porte dans la cour qui communiquait à une maison voisine et voulurent s'y retrancher; mais cette maison et une prairie qui était située derrière furent occupées presque en même temps; ils sortirent dans la rue, prirent les devans et rentrèrent dans un bâtiment qui leur offrait un lieu favorable pour s'y maintenir avec succès. En effet, leur feu bien dirigé arrêtait les troupes qui s'avançaient dans la rue; mais les mêmes soldats qui les avaient déjà suivis, pénétrèrent de nouveau par les derrières et les contraignirent de battre en retraite.

La maison qu'ils défendaient étant isolée et sans communication avec celles qu'ils avaient quittées, il fallait que ces soldats eussent fait un assez long détour pour tomber sur leurs derrières, à travers des ruelles et plusieurs jardins; ce qui montrait évidemment qu'ils étaient guidés par quelqu'un ayant une connaissance parfaite des localités. Dans cette persuasion, ils dirigèrent leur feu de ce côté, pensant qu'il importait par-dessus tout d'arrêter ce détachement, qui pourrait pénétrer dans la ville et décider le sort du combat en faveur des républicains par l'épouvante qu'il répandrait. La fusillade s'engagea donc entre ces soldats et les royalistes; mais ces derniers, craignant d'être cernés, quittèrent leur poste en défendant pas à pas le terrain.

Marie, depuis les premiers coups de feu, s'était battue avec intrépidité. Ses coups, dirigés avec le sang-froid et l'adresse d'un chasseur, manquaient rarement d'atteindre le but. Tandis que ses compagnons escaladaient le mur d'un jardin, elle entendit une voix commander aux soldats de se porter sur la droite et d'enfoncer une porte pour couper leur retraite. Les soldats coururent au lieu qu'on leur indiquait, et Marie apercevant l'officier qui venait de donner cet ordre, l'ajusta et fit feu. Le coup partit, mais le militaire ayant fait un mouvement, la balle ne l'atteignit pas et frappa seulement son chapeau qu'elle enleva de sa tête. Marie reconnut Charles dans cet officier sur qui elle venait de tirer, elle crut l'avoir blessé, et oubliant ses compagnons qui avaient franchi la muraille, elle courut à lui pâle et saisie d'effroi. Mais le jeune homme l'ayant aperçue s'avança à sa rencontre ; ses craintes alors se dissipant, elle fut mécontente d'elle-même et colère contre Charles pour l'intérêt puissant qu'il lui avait inspiré, dans un moment où le devoir lui commandait de ne voir en lui qu'un ennemi.

— C'est vous! dit-elle, comment vous trouvez-vous ici ?

— Mon uniforme vous l'annonce : j'accompagne la brigade où l'on m'a fait entrer.

Il ramassa son chapeau traversé d'outre en outre, et le montrant à la jeune fille :

— C'est vous, mademoiselle Marie, qui avez fait cela, dit-il ?

— C'est moi, en effet, monsieur Charles; vous avez remué à propos : trois pouces plus bas c'en était fait de vous, car j'avais bien ajusté.

— Je le crois facilement, répartit le jeune homme, mécontent de ces paroles et du ton dont elles étaient dites ; les royalistes ont l'habitude de se cacher pour tirer, et ils ont tout le temps d'ajuster.

Il lui prit doucement la main et l'attira à l'entrée de la maison d'où Marie venait de sortir. La jeune fille n'opposa aucune résistance, elle paraissait avoir oublié la position où elle se trouvait, et Charles était totalement sous le charme de cette rencontre.

— Mademoiselle Marie, est-ce le ciel qui a voulu que vous ne m'atteigniez pas ?

— Nous devons le croire, répondit-elle d'un air calme.

— Cette pensée me plaît; elle me paraît d'un favorable augure.

— Je crois que le ciel a voulu seulement m'épargner...

— Un regret?

— Non; un remords. Vous avez rendu des services à ma famille, et c'eût été un singulier moyen de nous acquitter avec vous.

— Pourquoi n'y verrais-je pas un plus heureux présage?

— Vous en êtes le maître, monsieur.

— Et ne voudriez-vous pas en partager l'espérance?

— Il n'en est point qui nous puisse être commune.

— Ces guerres cruelles auront un terme.

— Un terme prochain, dit-elle avec intention.

— Eh bien! le vainqueur, quel qu'il soit, offrira la main au vaincu. Cet état de lutte, d'antagonisme et de haine, est trop affreux, trop antipathique à nos mœurs pour se perpétuer; les relations interrompues par la guerre recommenceront avec la paix.

— Les désastres de la guerre ne s'oublient

pas en un jour ; l'union que vous prévoyez ne pourra pas exister pour la génération actuelle.

— Ainsi, vous croyez que nous sommes tous fatalement voués au malheur ?

— Ce n'est pas là ma pensée.

— Dois-je conclure que vous prononcez entre nous une séparation ?..

— Eternelle ! dit la jeune fille à voix basse.

— Eternelle ! répéta-t-il. Cela ne vous cause-t-il ni tristesse, ni regrets ?

Elle fit un signe négatif,

— Mon dieu ! pourquoi vous ai-je connue ? pourquoi votre balle ne m'a-t-elle pas atteint ? Après avoir flétri ma vie, vous me l'eussiez enlevée.

— Monsieur Charles, il faut nous séparer, je dois rejoindre mon père.

— Déjà ! dit-il d'une voix sourde ; ah ! laissez-moi vous voir encore, je ne vous ai pas dit adieu... Songez que cette entrevue sera peut-être la dernière !

— Vous l'avez voulu, dit-elle avec tristesse.

Il la regarda d'un air étonné.

— M'avez-vous consultée pour prendre cette cocarde?

— Oh! dit Charles avec une colère concentrée, si j'avais pu tout prévoir!.. Mais non, il y a dans la vie de ces fatalités contre lesquelles nous nous débattons vainement; il semble qu'un mauvais génie s'attache à nos pas pour nous égarer et nous perdre. — Mon père me pressait de prendre un état, tous ceux qu'il m'offrait répugnaient à mes goûts et à ma conscience. Chaque jour des hommes utiles à leur famille étaient appelés sous les drapeaux, je rougis de mon inaction qui ressemblait à une lâcheté; je me décidai aussi à servir la patrie. La première, vous me fîtes sentir la portée de cet engagement, les malheurs dont il serait la source.

— Vous avez commis une grande faute; mais il n'est pas trop tard, monsieur Charles, pour la réparer.

— Je vous comprends, répondit-il avec un sourire amer; mais, de grace, n'en parlez plus. — Pensez-vous que celui qui conserve sa vie au prix d'une bassesse a droit d'espérer le bonheur? — Vous-même, de quel œil me regarderiez-vous?

— Monsieur Charles, répondit la jeune fille, je ne vous engagerais pas à servir la cause royale si je croyais que votre honneur dût en souffrir.

— Après avoir prêté serment à la république, je déserterais ses drapeaux?

— On ne déserte pas en quittant des insurgés pour rejoindre son roi légitime. Les sermens prêtés à un pouvoir usurpé sont nuls de fait et de droit.

— Ces raisons peuvent être bonnes auprès de certains casuistes, mais la conscience ne les accepte pas. — D'ailleurs, mademoiselle Marie, ne serait-ce pas une double lâcheté maintenant?

— Pourquoi?

— Est-ce au moment où le parti royaliste que l'on croyait abattu, s'est levé plus fort et plus puissant que jamais, où les républicains surpris conçoivent des alarmes sérieuses ?

— Il serait vrai, interrompit la jeune fille avec élan ; c'est là l'opinion de vos chefs ?

— Ignore-t-on parmi vous que le débarquement a causé un effroi, une consternation générale : citoyens et soldats, tous pensent que la république n'a jamais été plus sérieusement menacée.

— Ils ont raison ! s'écria Marie, l'anarchie touche à sa fin ; avant un mois, l'ordre et la paix régneront en France sous les descendans de saint Louis.

— Prenez garde aux déceptions ; je sais par expérience combien elles causent de mal.

— Comment ? dit la jeune fille, dont la joie fut suspendue.

— L'espérance a des aîles qui franchissent l'espace et le temps ; lorsque l'on court avec elle, il faut s'arrêter au but pour attendre la réalité, et souvent même elle ne vient pas.

— Que voulez-vous dire, monsieur Charles ?

— Je ne crois pas que la restauration soit si près que vous le pensez; je doute même qu'elle vienne jamais. — L'impression causée par le débarquement est une panique, une épouvante irréfléchie ; quelques jours de répit et les mesures énergiques prises par le général en chef la feront promptement cesser. Alors une lutte s'engagera, Dieu seul peut en savoir l'issue. Néanmoins, la république est trop sérieusement menacée pour qu'un honnête homme puisse sans infamie la quitter pour se jeter dans un parti qui ne doute pas du succès.

— Monsieur Charles, reprit la jeune fille, vous êtes un homme bien estimable. Les motifs qui vous retiennent parmi les républicains sont plus honorables qu'un aveugle dévoûment, car vos intérêts sont en lutte avec vos devoirs, et ces devoirs ont le dessus. Je vous admire sans avoir la force de vous approuver, sans croire qu'à votre place je ferais comme vous. Cette délicatesse de sentimens qui vous éloigne de nous fera votre malheur et... sera pour moi, monsieur Charles, une source d'éternels regrets.

L'expression qu'elle mit dans ces mots partis du cœur, causèrent au jeune homme une forte émotion, il sentit sa résolution chanceler en apprenant de la bouche de Marie toutes les espérances qu'il eût été en droit de concevoir s'il se fut dévoué à la cause royale. L'honneur vaincu par l'amour ne faisait plus entendre qu'une voix timide; quelques paroles encore, et la passion dominant en souveraine, il allait arracher sa cocarde pour suivre la jeune royaliste, quand un incident vint rompre ce tête-à-tête et leur rappeler ce qui se passait autour d'eux.

Le bruit de la fusillade s'était éloigné pendant leur conversation. Les habitans d'Auray, cédant au nombre et à la valeur des républicains, avaient été repoussés dans la ville qui allait tomber au pouvoir de ces derniers, lorsque Boisberthelot arrivant avec sa division changea la face du combat. Les chouans pleins d'ardeur se précipitèrent sur les républicains, et malgré les efforts que firent ces derniers pour défendre leur conquête ils ne purent résister au choc de leurs adversaires et furent culbutés dans ce faubourg dont l'entrée leur avait été si vaillamment défendue.

Les deux jeunes gens surpris du bruit tumultueux et de la vive fusillade qu'ils entendirent dans la rue montèrent dans la maison auprès de laquelle ils s'étaient rencontrés et aperçurent les républicains en retraite serrés de près par les chouans.

— Voyez-vous, dit Marie, la sainte cause triomphe, vos soldats sont écrasés.

— Adieu, répondit Charles, mon devoir m'appelle avec eux. Si la république est vaincue soyez sûre que je mourrai avec elle ; si elle triomphe, souvenez-vous que vous avez un ami dans le parti victorieux.

— Monsieur Charles, je ne survivrais pas non plus à la défaite de ma cause.

— Alors il y a entre nous une barrière insurmontable. Nos âmes seules pourront être réunies, fasse le ciel que ce soit bientôt.

Il prit la main de la jeune fille, y posa ses lèvres brûlantes et s'élança dehors avec rapidité.

Les chouans occupaient déjà cette partie du faubourg. Charles fit un long détour pour rejoindre les siens; en traversant une ruelle qui devait le conduire à l'entrée du faubourg, il vit le greffier Lebel luttant vigoureusement contre plusieurs habitans qui cherchaient à le terrasser. Malgré l'adresse et la force que déployait le greffier il eût nécessairement succombé sous les coups de ses adversaires, dont plusieurs étaient armés de bâtons. Charles voyant le danger que courait son mystérieux ami, courut l'épée haute à son secours et sa présence seule dispersa les agresseurs.

— N'êtes-vous pas blessé, citoyen Lebel, demanda Charles en lui prenant affectueusement la main.

— Ce n'est rien, répondit celui-ci qui recouvra aussitôt son calme et son air froid; néanmoins vous êtes arrivé à temps; ces misérables m'eussent fait un mauvais parti.

—Aussi pourquoi vous exposer au fanatisme de ces chouans? Il suffit que vous apparteniez à l'administration pour encourir leur haine et leur vengeance.

— Et pourtant je ne leur ai rien fait. Je ne sache pas avoir donné à qui que ce soit dans Auray le moindre sujet de plainte... mais les hommes se ressemblent tous, ils sont tous bas, vils et méchans.

— Vous faites le procès à l'espèce humaine d'une manière trop absolue.

—Vous avez raison, citoyen Charles, repartit Lebel en changeant de ton; vous ne pouvez pas me comprendre et moi j'ai tort de vous parler ainsi. Vous entrez dans la vie avec toutes les illusions que j'y avais apportées, conservez-les le plus long-tems que vous pourrez, c'est une couronne virginale qui se flétrit trop promptement et ne laisse après elle que d'amers regrets.

—Charles ne voulut pas avouer au greffier qu'il avait aussi sa part de souffrances et de déceptions, et désirant détourner la conversation d'un sujet qui lui faisait mal.

— Vous allez m'accompagner, dit-il, vous ne pouvez pas songer maintenant à retourner dans la ville.

—Je la quittais lorsque j'ai été assailli.

— J'aperçois nos troupes, reprit Charles, je vais reprendre mon poste.

— Allez, citoyen Charles ; de mon côté je vais rejoindre l'administration à Hennebon.

Ils se serrèrent la main et prirent amicalement congé l'un de l'autre. Laurent Lebel avant de partir ajouta :

— Vous connaissez la fâble du rat et du lion? On a souvent besoin d'un plus petit que soi. Je ne suis qu'un humble greffier, un homme ignoré et sans liens, mais je ne perds pas la mémoire des services que l'on me rend ; peut-être un jour pourrai-je m'acquitter avec vous... Citoyen Charles, j'ai beaucoup vécu, si jamais vous vous trouvez dans une position difficile, mes conseils et mon expérience pourront peut-être vous aider.

— Je me souviendrai de votre offre, répondit Charles en s'en allant.

Cette soirée fut encore consacrée à la joie par les habitans d'Auray. L'avantage qu'ils avaient obtenu sur les troupes républicaines étaient pour eux le présage de nouveaux succès, ils croyaient voir déjà la république abattue et la monarchie triomphante, oubliant qu'ils n'occupaient encore sur cette France dont ils rêvaient la conquête, qu'un coin de terres entre les grèves de l'Océan.

fin du premier volume.

Œuvres de E. Menard.

PEN MARCH, 1 vol. in-8°, 7 fr. 50.

BUDIC MUR, marine du XIVe siècle, 2 vol. in-8° 15 fr.

POUR PARAITRE SUCCESSIVEMENT :

LE CHAMP DES MARTYRS, 2 vol. in-8°. . . 15 fr.

ROBERT D'ARBRISSEL, 2 vol. in-8°. . . 15 fr.

LA BAIE DES TRÉPASSÉS, 2 vol. in-8°. . 15 fr.

BON REPOS, 2 vol. in-8°. . . . . 15 fr.

PORTRAIT DE G. SAND. . . . . 1 fr. 25

www.ingramcontent.com/pod-product-compliance
Ingram Content Group UK Ltd.
Pitfield, Milton Keynes, MK11 3LW, UK
UKHW020127220726
13923UKWH00001B/35